Die Wilhelm-Busch-Bibliothek

Band 11

Wilhelm Busch

Die Suchaktion Gottes

Kurzgeschichten der Bibel

aussaat

clv

1. Auflage 2006

© 2006 Aussaat Verlag
Verlagsgesellschaft des Erziehungsvereins mbH,
Neukirchen-Vluyn
Satz: CLV
Umschlag: H. Namislow
Druck und Bindung: GGP Media GmbH, Pößneck

Die Wilhelm-Busch-Bibliothek besteht aus 13 Bänden

ISBN-10: 3-7615-5487-7 (Aussaat)
ISBN-13: 978-3-7615-5487-6 (Aussaat)
ISBN-10: 3-89397-681-7 (CLV)
ISBN-13: 978-3-89397-681-2 (CLV)

Inhalt

Vorwort 9

Jesus erscheint seinem Streiter 10
Jos. 5,13-14a

Die Geschichte vom verachteten König 17
1.Sam. 10,27

Ich habe ein Herz gefunden 24
1.Sam. 18,1-4

Ein Blatt aus der Kampfgeschichte des
Reiches Gottes 31
2.Kön. 2,23-24

Der notvolle Kampf eines erweckten
Herzens 39
1.Chron. 5,19-20

Eine geistliche Partisanen-Geschichte 46
1.Chron. 12,17-18

Die ganz einfache Geschichte eines rechten
Christen 54
2.Chron. 17,6

Von der seltsamen Sorge der Gläubigen 61
Ps. 31,23

Die himmlische Kurzgeschichte 68
Ps. 110,1

Die Geschichte einer Errettung 75
Ps. 116,8

Streifzüge durch Herzen 82
Ps. 122,1

Der tiefe Friede der Seele 89
Ps. 131,2

»Ich will nicht mehr …« 96
Jer. 20,9

Das Missverständnis gegenüber Gott 103
Hes. 20,1-3

Ganz anders, als man denkt 110
Mt. 9,9

Wie uns wirklich geholfen wird 117
Mk. 1,12-13

Die Bekehrung der Herzen 124
Joh. 1,35-37

Was die Gegner Jesu sagen 132
Joh. 7,45-49

Ein bedeutsames Gespräch 140
Joh. 14,8-9

Große Männer mit kleinen Herzen 147
Apg. 8,2

Die ersten Christen 154
Apg. 8,3-4

Die Suchaktion Gottes 161
Apg. 11,25-26

Eine Schreckensnachricht – und wie die
Gemeinde reagiert 168
Apg. 11,28-30a

Sterbensweg der Jesus-Jünger 176
Apg. 12,1-2

Wie wird mein einziges Leben ein gesegnetes
Leben? 183
Apg. 16,9-10

Das seltsame Wesen der Jesus-Jünger 191
Apg. 28,3-6

Von der Schönheit und dem Elend der
Gemeinde 198
2.Tim. 1,5

Christenstand – ernst genommen 205
2.Tim. 4,13

Erweckte Herzen auf dem Wege
des Todes 212
2.Tim. 4,14-15

Der Jesus-Jünger in der vordersten
Stellung 219
2.Tim. 4,16-17

Ein Bild aus der Urchristenheit, das uns
ein Vor-Bild ist 226
3.Joh. 3

Eine Zukunfts-Kurzgeschichte 233
Offb. 7,17

Vorwort

Alle Verkündigung des Evangeliums ist Mitteilung darüber, dass Gott uns sucht.
Dieser Mitteilung dienen auch die vorliegenden Texte, die früher schon einmal unter dem Titel »Die Kirche am Markt. Kurzgeschichten der Bibel« erschienen sind, aber lange Zeit vergriffen waren. Sie sind eine Sammlung von Predigten, die Pfarrer Wilhelm Busch in Essen über viele Jahre gehalten hat.
Das ganze Leben von Pfarrer Wilhelm Busch war von dem Wunsch bestimmt, so vielen Menschen wie nur möglich die »Suchaktion Gottes« nahezubringen und sie dazu zu ermutigen, sich vom lebendigen Gott suchen und finden zu lassen. Das wird auch in diesen »Kurzgeschichten der Bibel« anschaulich.
Vielleicht kann dieses Büchlein Ihnen oder durch Sie anderen helfen, dass Gottes Suchaktion Erfolg hat.

Hartmut Lipps

Jesus erscheint seinem Streiter

Josua 5,13-14a: Und es begab sich, da Josua bei Jericho war, dass er seine Augen aufhob und ward gewahr, dass ein Mann ihm gegenüberstand und hatte ein bloßes Schwert in seiner Hand. Und Josua ging zu ihm und sprach zu ihm: Gehörst du uns an oder unsern Feinden? Er sprach: Nein, sondern ich bin ein Fürst über das Heer des Herrn und bin jetzt gekommen. Da fiel Josua auf sein Angesicht zur Erde und betete an.

Wisst ihr, was das gefährlichste, ja tödlichste Missverständnis des Christentums ist? Dass man es als eine Art von Lehre ansieht. Da gibt es dann christliche Dogmen, christliche Grundsätze, christliche Moral, christliche Politik, christliche Anschauungen. Das ist ja alles ganz schön. Nur – das ist doch erst das Zweite.

Das Wichtigste ist dies: Das Evangelium offenbart uns eine Wirklichkeit, die wir mit unseren Sinnen nicht erfassen konnten. Spurgeon hat einmal gesagt: »Der Glaube ist ein sechster Sinn, der eine neue Wirklichkeit begreift.« Seht euch doch einmal die Pfingstpredigt des Petrus an. Die fängt in ihrem wichtigsten Teil so an: »Jesus von Nazareth, der Mann, den Gott durch Zeichen und Wunder beglaubigt hat …« Da spricht er nicht von einer Lehre, sondern von »einem Mann«.

Der Glaube sieht, dass uns nur ein dünner Vorhang von der unsichtbaren Welt trennt. Durch diesen Vorhang trat in der Fülle der Zeit der Sohn des lebendigen Gottes in unsere zerrüttete Welt. Ja, viel früher schon ist er je und dann hervorgekommen. Davon spricht unser Text. Er berichtet, wie der Sohn Gottes dem Josua erscheint. Wir haben hier Christus im Alten Testament.

1. Wann er erschien

Es war eine ganz besonders notvolle Situation, als der Herr sich seinem Streiter Josua zeigte. Wir wollen uns die Lage vergegenwärtigen: Gott hat sein Volk Israel aus Ägypten geführt, aus der schrecklichen Sklaverei. 40 Jahre lang hatte der Knecht Gottes, Mose, das Volk geführt durch die Wüste bis an die Grenzen des Landes Kanaan. Dann war Mose gestorben, und Josua hatte die Leitung übernommen. Auf wunderbare Weise waren sie durch den Jordanstrom gezogen. Und nun standen sie in Kanaan. Am Ziel! Und doch nicht am Ziel! Denn dies Land war bewohnt von grausamen heidnischen Völkern. Wie ein verlorener Haufen stand Israel in der Masse der zahlreichen heidnischen Völker.

Hinter ihnen sperrte der Jordan den Rückweg. Vor ihnen erhoben sich die gewaltigen Mauern der uneinnehmbaren Festung Jericho. Es war eine Lage, von der die Vernunft nur das Urteil fällen konnte: aussichtslos!

Wie mag dem stillen, einfachen Gottesmann Josua zumute gewesen sein! Da geht er eines Tages aus dem Lager, vielleicht um zu beten. Als er seine Augen aufhebt, steht ein Mann vor ihm. Josua erkennt bald: In ihm offenbart sich Gott. So fällt er nieder und betet an. Und dabei durchziehen ein ganz großer Friede, tiefer Trost und abgründige Beruhigung sein bedrängtes Herz. Nun ist alles gut. Er, sein Herr, ist da!

Wir fragen noch einmal: Wann erschien der Herr seinem Josua? Antwort: In der Stunde großer Einsamkeit und Bedrängnis.

So macht es der Herr Jesus allezeit mit seinen Leuten. Als die Jünger einst in dunkler Nacht in einem Boot saßen und »Not litten von den Wellen«, als das Grauen der Nacht sie umfing, da kam Jesus zu ihnen und sagte: »Ich bin's! Fürchtet euch nicht.«

Als David, der Sänger Gottes, einst durch tiefe Täler gehen musste, erlebte er spürbar des Herrn Nähe, dass er bekannte: »Ob ich schon wanderte im finsteren Tal, fürchte ich kein Unglück; denn du bist bei mir. Dein Stecken und Stab trösten mich.«

Es ist eine seltsame Tatsache, dass gläubige Christen oft gerade in den dunkelsten Stunden ihres Lebens eine ganz besondere Kraft gewinnen. Das hat seinen Grund darin: Hier ist Jesus zur Stelle, der die Seinen kennt und ihnen begegnet, wenn sie keinen Weg mehr sehen. Das nächste Kapitel des Josua-Buches erzählt, wie dieser Streiter Gottes in großer Gelassenheit Jericho gewann. Die dunkelste Stunde wurde die herrlichste Segensstunde und Quelle neuer Kraft.

2. Wie er erschien

Uns ist das Bild Jesu geläufig, wie er in seinen Erdentagen den Menschen begegnete: als armer Wanderer voll Milde. Und wir kennen ihn gut als den Mann mit der Dornenkrone, der unendlich leidend am Kreuz hängt. Ganz anders erscheint Jesus hier: ein Mann mit einem Schwert. Und zwar hat er nicht einen spielerischen Ehrendolch. Nein! Er hat ein gewaltiges Schwert zum Kampf bereit aus der Scheide gezogen.

Jesus also offenbart sich hier als der starke Held. So sah ihn David, als er sagte: »Der Herr ist der rechte Kriegsmann.«

Ich versuche mir vorzustellen, was bei diesem Anblick in der Seele des Josua vorging: Eben noch hat er nur die unheimliche Menge der heidnischen Völker gesehen und die schrecklichen, drohenden Mauern Jerichos. Nun ist das Bild mit einem Schlag verändert: Wie gering sind alle diese Feinde gegenüber dem Einen, Starken!

Und das eben ist die Schau des Glaubens. Den gläubigen Christen erwächst ein ganz unerklärlicher und seltsamer Mut aus dem Blick auf Jesus, welcher stärker ist als alle Widerstände. Ich denke an den rheinischen Missionar Nommensen, der im vorigen Jahrhundert mutterseelenallein in das Innere Sumatras zog, das von Kannibalen bewohnt war. Mit einem lächelnden Mut hat er sich einmal in eine Versammlung von Tausenden gewagt, die bis zur Weißglut von den heidnischen Zauberpriestern aufgehetzt waren. Und er hat gesiegt. Er wagte es, weil er nur Jesus sah, der stärker ist. Ich denke an einen jungen Mann, der – obgleich er sehr schüchtern und zart ist – es wagt, gegen eine tobende Verwandtschaft ein Leben mit Jesus zu leben. Er leitet neben seiner Berufsarbeit einen stattlichen Jugendkreis.

O dieser Blick des Glaubens auf Jesus, vor dem auf einmal all das, was einem vorher Grauen machte, klein wird! Es sind ja nicht nur die Menschen und fremden Mächte, die den gläubigen Christen ängstigen. Vielmehr kann er sich bis zur Verzweiflung entsetzen vor sich selbst, vor seinen Sünden und vor seinem eigenen Versagen. Aber dann sieht er aus Jesus und erfährt wie Paulus: »Wo die Sünde mächtig geworden ist, da ist die Gnade viel mächtiger geworden.«

Vor dem Blick auf den starken Jesus schrumpfen buchstäblich die anderen Dinge zusammen. Ich kannte einen Mann, der durch erbliche Belastung ein Trinker war. Die Ärzte sagten ihm: »Das ist eben wie eine unheilbare Krankheit.« Aber dann haben wir es zusammen erlebt, wie er im Blick auf Jesus immer wieder Sieger wurde darüber.

»Jesus ist stärker!« Mit diesem Kampfruf überwinden die Streiter Jesu alle unüberwindlichen Mauern, den Teufel und gar den Tod. Im Sterben noch schauen sie auf Jesus und verachten den Tod. Er kann sie nicht mehr töten.

3. Wem er erschien

Darauf müssen wir noch achten. Der Herr erschien ja nicht den Heiden in der Stadt Jericho. Die Amoriter und Philister ahnten nichts von seiner wunderbaren Gegenwart.

So begegnet der Herr Jesus auch heute nicht jedem Hinz und Kunz.

Wem erschien er? Dem Josua!

Was war denn Besonderes an diesem Mann? War er ein großer Politiker, dessen Name in den Zeitungen stand? War er ein reicher Mann, eine Wirtschaftsgröße? War er ein Gelehrter, der sich einen Namen unter den Großen dieser Welt gemacht hatte? Alles nicht! All das spielt vor Gott keine entscheidende Rolle.

Es ist von Josua nur eins zu sagen: Es ging ihm um die Ehre Gottes in seinem Leben und in der Welt. Er hatte auf dem Sinai gestanden mit seinem Meister Mose und gezittert vor dem Ernst der heiligen Gebote Gottes. Er wusste um die Gegenwart dieses majestätischen Gottes, und er lebte in seiner Gegenwart. Er wusste, wie verloren die Welt ohne Gott ist. Er kannte das Schicksal der Kanaaniter, ehe es sich vollzog. Er nahm das ernst: »Wir sollen Gott fürchten und lieben ...«

Solchen Seelen offenbart sich der Heiland mit all seiner Liebe, mit seinem Trost, seinem Erbarmen und seiner Herrlichkeit. Möchten wir zu ihnen gehören!

Die Geschichte vom verachteten König

1.Samuel 10,27: Aber etliche lose Leute sprachen: Was sollte uns dieser helfen? Und verachteten ihn und brachten ihm kein Geschenk. Aber er tat, als hörte er's nicht.

Irgendwo ist ein großes Ereignis: Minister-Treffen, Länder-Fußballspiel oder Königsbesuch. Was es auch sei – überall wimmeln die Reporter der großen Zeitungen herum und suchen möglichst nah an den Kern der Ereignisse vorzudringen.

Die ganz klugen Reporter aber berichten nicht nur von dem großen Ereignis. Sie erzählen auch von kleinen Begebnissen am Rande. Die nämlich machen so einen Bericht erst richtig interessant.

Bei unserer Textgeschichte, die vor fast 3000 Jahren geschrieben wurde, könnte man meinen, es sei so ein moderner Reporter am Werk gewesen. Da wird uns nämlich zuerst von einem bedeutenden politischen Ereignis berichtet: Israel wählte durchs Los seinen ersten König. Das war eine aufregende Sache. Und als der stattliche junge Saul gewählt war, gab es Jubel, Geschrei und Festbraten.

Der Berichterstatter strich am Rand der Be-

gebenheiten herum und erlebte eine kleine »Szene am Rande«: Ein paar Unzufriedene spotteten: »Was soll uns dieser Bauernjunge helfen?! Dem bringen wir keine Huldigung!« Und plötzlich verstummten sie; denn in diesem Augenblick kam der junge König vorbei. Er musste das verächtliche Wort gehört haben. Erstaunt berichtet der Reporter: »Er tat, als hörte er's nicht.«
Diese Randepisode ist wichtig im Ganzen der Bibel.

1. Er zeigt eine erstaunliche Weisheit

Ein junger König, eben an die Macht gekommen, muss sich solche niederträchtigen Reden anhören! Wie hätten wir wohl reagiert? Wir können darauf schlecht antworten, weil wir noch nie König waren? Aber niederträchtige Reden über uns haben wir doch schon erlebt. Wie haben wir reagiert? Wir waren wütend. Wir waren beleidigt. Wir haben eine Klage angestrengt. Wir haben uns verteidigt und gerechtfertigt. Wir haben gesagt, wir könnten »so etwas unmöglich auf uns sitzen lassen«.
Und Saul? »Er war wie taub seiend«, heißt es wörtlich. Er tat, als hörte er's nicht. Das war göttliche Weisheit. Hier war er vom Heiligen Geist geleitet.

Was hätte das für Kräche, Zankereien, Verhöre und Prozesse gegeben, wäre Saul nicht so wundervoll »taub« gewesen!

Jedes Mal, wenn ein Krach nicht stattfindet, ist dem Teufel ein Konzept verdorben worden. Jeder Streit, der im Keim erstickt wird, ist ein Sieg des Geistes Gottes.

Wohl gibt es Fälle, wo wir um des Gewissens willen in den Streit gehen müssen. Luther musste nach Gottes Willen den Kampf gegen Kaiser und Papst um des Gewissens willen führen.

Aber wenn es um unsere eigene Ehre und um unsere Interessen geht, gilt das Wort Jesu: »Selig sind die Friedfertigen, denn sie werden Gottes Kinder heißen.«

»Saul tat, als hörte er's nicht.« Ich habe mich gefragt, ob das nicht ein menschlich netter Hochmut vom Saul war. Ich habe einen Mann in ähnlicher Lage einmal stolz sagen hören: »Es kümmert den Mond nicht, wenn die Hunde ihn anbellen.« Hat der junge König so gedacht? Ich glaube nicht – nach allem, was die Bibel aus seiner ersten Regierungszeit berichtet. Im Gegenteil! Als die »losen Leute« spotteten: »Was soll uns dieser helfen?« hat er wahrscheinlich gedacht: »Wie Recht haben diese Leute!« Und darum stellte er sich taub.

Solche Herzensdemut ist eine köstliche Haltung. Man lernt sie, wenn man vor Gott lebt. In seinem Licht lernt man das eigene Herz kennen. Und wer das kennt, hält nicht mehr hoch von sich. Gott aber liebt die Demütigen. Die Bibel sagt: »Gott widersteht den Hoffärtigen. Aber den Demütigen gibt er Gnade.«

Wie einst Saul, so hat es der gesegnete Erweckungsprediger des oberbergischen Landes, Pastor Engels, gehalten. In seinem Nachlass fand man einige Leitsätze für sein Leben. Da steht der Satz: »Ich will mich nie rechtfertigen.« Diese Stellung sollten auch wir einnehmen. Dabei kann uns sicher Unrecht geschehen. Aber damit sind wir auf Jesu Weg. Der hat sich auch nicht gerechtfertigt. »Er stellte es aber dem anheim, der da recht richtet.«

2. Die biblische Linie vom verachteten König

Das Lied vom verachteten König ist wie eine Melodie, die man durch die ganze Bibel verfolgen kann:

Da ist Josef, dem Gott in Träumen gezeigt hat, dass er ein königliches Diadem tragen wird. Seine Brüder aber verspotten ihn.

Da ist David, den Samuel zum König gesalbt hat. Aber er muss als Flüchtling in der Wüste sich bergen. Und als später sein Sohn Absalom

sich gegen ihn empört, muss David die Schmähungen des Simei erdulden. Seine Freunde, die ihn verteidigen wollen, wehrt er ab: »Lasst ihn. Der Herr hat's ihn geheißen.«
Da ist Hiskia, der Boten aussendet, um zu einem Gottesfest einzuladen. »Aber«, heißt es in 2.Chronik 30, »die verlachten sie und spotteten ihrer.«
Da ist Serubbabel, den der Prophet Sacharja trösten muss.
Wie ein roter Faden zieht sich durch die Bibel die Geschichte vom verachteten König. Diese Linie zielt auf Jesus. Er ist der verachtete König, wie es nie wieder einen gegeben hat. Der junge König Saul in unsrem Text ist also ein heimlicher Hinweis auf den König Jesus.
Jesus ist König! Nein – er ist der »König der Könige und Herr aller Herren«. Er ist zum Amt des Welt-Königs nicht von einem Volk gewählt, auch nicht aus eigener Macht auf den Thron gekommen. Er ist vom lebendigen Gott dazu bestimmt. Der sagt: »Ich habe meinen König eingesetzt auf meinem heiligen Berg Zion.« Es ist wohl kaum je ein unerhörteres Wort gesagt worden als dies: »Mir ist gegeben alle Gewalt im Himmel wie auf Erden.«
Aber – wie verachtet ist dieser König Jesus! »Was sollte uns dieser helfen?« sagte man von

Saul. Und so sagt man von Jesus. Die Kriegsknechte, die Jesus bei seiner Passion verspottet haben, haben den Ton angegeben. Jesus ist der König, der die Spottkrone aus Dornen trägt. Bei seiner Kreuzigung heißt es: »Es verspotteten ihn die Ältesten und Hohenpriester.« Und wie hieß der Spott? »Er kann sich selbst nicht helfen!« Ja, sogar der Schächer, der mit ihm gekreuzigt ist, spottet: »Bist du Gottes Sohn, so hilf dir selbst und uns!« Genau wie bei Saul: »Was sollte dieser uns helfen?!«

Im Grunde ist diese Verachtung Jesu, die in Worten Ausdruck findet, gar nicht so schlimm. Viel schlimmer ist, dass unser Herz, unser Christenherz, ganz heimlich auch Jesus verachtet und denkt: »Was sollte der uns helfen!« Wir würden ja im Alltag ganz anders mit Jesus leben – wir würden unsre Dinge vor ihm ordnen, wenn wir ernsthaft glaubten, dass er uns helfen kann. O unser heimlicher Unglaube! Unser Mund singt Jesus-Lieder. Aber unser Herz ist ohne ihn!

3. »Er tat, als hörte er's nicht.«

Hier muss ich mich wirklich darauf besinnen, dass ursprünglich von Saul die Rede ist; denn besser könnte man nicht ausdrücken, was über Jesu Verhalten zur Welt gesagt werden muss: »Er tut, als hörte er es nicht«, wie die Welt über ihn heimlich und laut spottet. 2000 Jahre ist es her, dass Jesus sagte: »Mir ist gegeben alle Gewalt.« Und mehr als je tut die Welt, als sei das nichts. »Was sollte uns dieser helfen?« sagten seit jeher die Kinder der Welt, »und brachten ihm keine Huldigung.« Und Jesus tut, als sehe und höre er das alles nicht.

Allerdings – eine einzige Ausnahme gibt es. Es gibt eine Verspottung Jesu, die er »die Sünde wider den Heiligen Geist« nennt. Von der sagt er, dass sie gehört, registriert und nie vergeben wird. Diese Sünde hat Jesus bei den Pharisäern seiner Zeit konstatiert. Wann wird denn diese seltsame »Sünde wider den Heiligen Geist« begangen? Wenn ein Mensch Jesus vor anderen verspottet, obwohl der Heilige Geist ihm im Herzen klar bezeugt: »Dieser ist Gottes Sohn und dein Erlöser.« Hüten wir uns davor!

Und nun: Wie Saul durch die Reihen seines Volkes, so geht Jesus, der König, durch diese Welt. Sie gehört ihm. Für alle ist er gestorben. Über alle ist er von Gott zum Herrn gesetzt. Jetzt sind wir gefragt: Wollen wir laut oder heimlich dabei bleiben: »Was sollte dieser uns helfen?« Oder wollen wir ihn annehmen und ihm – wie es hier heißt – »Geschenke bringen«? Es gibt nur ein wirklich gültiges Geschenk für den König Jesus: Gib ihm dein Leben!

Ich habe ein Herz gefunden

1. Samuel 18,1.3a.4: Und es verband sich das Herz Jonathans mit dem Herzen Davids, und Jonathan zog aus seinen Rock und gab ihn David, dazu seinen Mantel, sein Schwert, seinen Bogen und seinen Gürtel.

Es ist lächerlich, aber es ist so: Seitdem die Massen die Könige und Fürsten absetzten, haben sie ein brennendes Interesse für sie. Und die Illustrierten berichten mit Vorliebe Erlebnisse, Skandalgeschichten und Intimitäten von Fürstenhöfen – aus alter und neuer Zeit.

Nun – dann bin ich heute gut dran. Denn meine Kurzgeschichte führt uns an einen Königshof. Ich will sie kurz erzählen:

In der Umgebung des Königs Saul sah man seit einiger Zeit einen schönen, sehr jungen Mann. Die einen blickten hochmütig auf ihn herab: »Bah! Ein Bauernjunge! Man riecht ihm ja die Schafweide an! Was will der hier!«

Junge Krieger aber sahen ihm ehrfürchtig nach, wenn er vorüberging: »Das ist der, der den Riesen Goliath besiegt hat – ganz allein – ohne Waffen! Ein toller Hecht!«

Viel munkelte man über die seltsame Stellung des Königs zu diesem David: Was hat der für einen Einfluss! Wenn der König wütend ist, braucht der David nur auf der Harfe zu klimpern. Dann ist alles gut. – Andererseits erzählte man sich davon, dass der König einen stillen Zorn auf den Jungen hatte. Seltsam!

Da war nun noch einer am Hofe: der Kronprinz Jonathan. Wie stellte denn der sich zu diesem David?

»Da verband sich das Herz Jonathans mit dem Herzen Davids.« Diese Sache ist es wert, dass wir sie näher betrachten. Ich sehe im Geist den jungen David, wie er bewegt und froh aus dem Palast eilt. Sein Herz jubelt: »Ich habe ein Herz gefunden!«

1. David und Jonathan

»Ich habe ein Herz gefunden!« Das ist etwas, was uns aufhorchen lässt. Denn es ist das Kennzeichen des Menschen von heute, dass er einsam ist – einsam mitten im Gewühl der Menschen; einsam inmitten der Familie, die sich in einer engen Wohnung drängt.

Die Psychologie tastet ja den armen Menschen, wie er im Zeitalter der Technik geworden ist, beständig ab. Und da sagen uns die Psychologen: Der Mensch von heute leidet an »Kontaktschwäche«. Es fällt uns so schwer, unser Herz mit einem anderen Herzen wirklich zu verbinden. Wir haben Bekannte, Verwandte, Bezie-

hungen. Wir haben Kollegen, Kameraden, Genossen, Nachbarn, gesellschaftlichen Verkehr. Aber das eine, wonach sich alle sehnen, finden wir nicht: ein Herz, das sich unserm Herzen verbindet.
Es sitzen junge Brautleute hier. Die denken: »O, wir haben das!« Wirklich? Wenn ich die vielen Ehescheidungen und die üblichen Ehen ansehe, dann ja, dann wird mir das zweifelhaft. Unsre Zeit kennt Erotik, Sexualität, Leidenschaft. Aber – ein Herz?!
Wenn es heißt: »Da verband sich das Herz Jonathans mit dem Herzen Davids«, handelt es sich nicht um romantische Schwärmerei, sondern um etwas, was ein jeder sich ersehnt.
Wir sollten von Jonathan lernen, um mit unsrer Kontaktschwäche fertig zu werden.
Da ist erstens zu sagen: Die beiden hatten Zeit füreinander. Wie kann eine Freundschaft oder eine Ehe etwas werden, wenn wir nicht mehr Zeit füreinander haben? Wir haben mit unendlich vielen Menschen flüchtige Berührung. Aber – Zeit haben!
Zweitens fällt mir auf, wie nachdrücklich hier berichtet wird, dass der Jonathan dem David seine geliebten Waffen gab. Was bedeutet das? Der Jonathan sagte: »Du!« Unsre menschlichen Beziehungen werden nichts, weil wir immer

»Ich« meinen. Erst wenn ich das »Du« richtig lerne, finde ich ein Herz.

Und drittens – das ist das Wichtigste –: Ein paar Kapitel später heißt es genauer: »Die beiden machten einen Bund miteinander vor dem Herrn.« In ihrer gegenseitigen Beziehung gab es einen wundervollen Kitt: Das war ihr gemeinsames Glaubensleben. Sie standen beide vor Jehova, dem geoffenbarten Gott. Ich bin überzeugt, dass nur in solch einer Atmosphäre wirkliche menschliche Beziehungen gedeihen können. Da nämlich wird das »Ich« getötet. Und man lernt das »Du«.

2. Jesus und unser Herz

Der Herr Jesus hat einmal gesagt: »Suchet in der Schrift des Alten Testaments. Denn sie ist's, die von mir zeugt.« So finden wir auf jeder Seite dieses Buches das Bild Jesu. Auch hier? Ja, auch hier!

Unser Text erzählt von dem reichen Königssohn, der die Liebe des armen Hirten David sucht. Da steht das Bild Jesu vor uns auf: Der Sohn des lebendigen Gottes, der um die Liebe des Schächers, der Zöllner und Sünder wirbt.

»Da verband sich das Herz Jesu mit unserm Herzen.« Darum verließ er die Herrlichkeit beim Vater. Darum hing er am Kreuz. Darum sucht der Auferstandene uns. »Deswegen klopft er für und für / so stark an unsres Herzens Tür.«

Und wir wollen kalt bleiben? Wir wollen unser Herz verschließen? Es ist das unheimliche Geheimnis in der Welt, dass dies tausendfach geschieht. Wie einst vor dem Petrus am See Genezareth – so steht dieser Königssohn Jesus vor uns und fragt: »Hast du mich lieb?« Das fragte er den Petrus, der ihn dreimal verleugnet hatte. Er fragt es uns, die wir ihn viel öfter verleugnet und beleidigt haben: »Hast du mich lieb? Ich möchte mein Herz mit dem deinen verbinden.«

Christenstand ist ja wirklich nicht ein kühles Für-wahr-Halten von richtigen Heilswahrheiten. Christenstand ist auch nicht nur ein kümmerliches Erfüllen kirchlicher Formen. Christenstand ist auch nicht Sympathie für christliche Grundsätze im öffentlichen Leben. Christenstand ist dies, dass mein Herz sich dem Herzen des Sohnes Gottes verbindet, das sich mir ganz geöffnet hat. Im Lied heißt es (und das ist wahrhaftig nicht Schwärmerei): »Ich will dich lieben, meine Zier ...« Das ist die wirkliche Erlösung aus der Einsamkeit, die der Mensch von heute so heiß ersehnt.

Ja, hinter dem Bild des Jonathan steht das Bild

Jesu auf. Ich sehe Jonathan, wie er sich, Stück für Stück, von seinen herrlichen Waffen trennt, um David herrlich zu kleiden und zu rüsten. Der Apostel sagt: »Er ward arm um unsretwillen, auf dass wir durch seine Armut reich würden.« Er wird zum ausgestoßenen Fluch am Kreuz, um mir das Gewand seiner Gerechtigkeit vor Gott zu schenken. Er wird wehrlos wie ein Lamm, damit ich die Waffen bekomme, mit denen ich Satan und der Welt begegnen kann. Wie tot müsste unser Herz sein, wenn es nicht mitsingen lernte: »Ich will dich lieben, schönstes Licht, / bis mir das Herze bricht.«

3. Es stand etwas im Hintergrund

»Da verband sich das Herz Jonathans mit dem Herzen Davids.« Wer etwa doch meint, dies sei eine romantische Jünglingsgeschichte, der soll wissen, dass hinter dieser Szene eine unheimliche Tragik aufsteigt. David war heimlich vom Propheten Samuel zum König gesalbt worden. Jonathan aber war Kronprinz. Also zwei Anwärter auf den Königsthron! Der König Saul wusste davon und verfolgte schließlich den David grimmig. Und »Jonathan verband sein Herz mit dem Herzen Davids« – obwohl er wusste: Ich muss sterben, wenn David als König leben soll. So war der Weg, den Jonathan gehen musste, klar. Und auf dem Gebirge Gilboa wurde er neben seinem Vater erschlagen. Damit wurde David König in Israel.

Jonathan muss sterben, wenn David leben soll. Sehen wir nicht, wie hier im Alten Testament das Kreuz Jesu auftaucht? Der Sohn Gottes muss sterben, damit ich leben kann. Und er ist gestorben – auf dem Berg Golgatha. Alles wirkliche Leben ist uns geschenkt worden durch den Tod Jesu am Kreuz. Hier finde ich Frieden, Auslöschen meiner Vergangenheit, Gnade Gottes, Hoffnung des ewigen Lebens.

Der »Spiegel« brachte kürzlich ein Bild: Da sitzt Jesus in einer Zechenkantine. Um ihn hocken die Kumpel und sagen: »Verschone uns mit deiner Leidensgeschichte. Wir haben viel mehr durchgemacht in Bombennächten und hinter Stacheldraht.«

So denkt der Mensch. Wie töricht! Unsre Leiden bedeuten für niemand etwas. Jesu Leiden aber bedeutet unser – Heil! Jonathan muss sterben, dass David leben kann. Und wir? »Dass ich möge trostreich prangen, / hast du ohne Trost gehangen.«

Ein Blatt aus der Kampfgeschichte des Reiches Gottes

2.Könige 2,23-24: Und Elisa ging hinauf gen Beth-El. Und als er auf dem Wege hinanging, kamen kleine Knaben zur Stadt heraus und spotteten sein und sprachen zu ihm: Kahlkopf, komm herauf! Kahlkopf, komm herauf! Und er wandte sich um; und da er sie sah, fluchte er ihnen im Namen des Herrn. Da kamen zwei Bären aus dem Walde und zerrissen der Kinder zwei und vierzig!

Die Zeitungen sind voll von Berichten über Unglücksfälle. Da heißt es: »Drei Menschen bei Verkehrsunfall getötet.« Oder: »Zwei Leute beim Baden ertrunken.« Oder: »Zehn Mann bei einer Explosion verunglückt.« »300 Menschen bei Tornado umgekommen.« »7 Mann im Bergwerk verschüttet.« Es gibt heute viele Möglichkeiten, sein Leben zu verlieren.

Aber wie seltsam ist doch die Bibel! Sie berichtet von einem Unglück, von dem wir in den Zeitungen nie lesen. »42 junge Männer an Gott verunglückt« Wir hören im Text von einem Gottes-Unfall.

Ich weiß: Diese Geschichte hat bei den Feinden der Bibel immer helle Empörung hervorgerufen. »Ein fluchender Prophet! Ein Gott der Liebe, der 42 Kinder umbringt! Das ist ja empörend! Da habt ihr den jüdischen Rachegott!!«

Und den Freunden der Bibel ist diese Geschichte dann eine Verlegenheit. Sie wären froh, wenn sie nicht in der Bibel stünde.

Wie töricht ist beides! Die Bibel ist das Wort der Wahrheit. Sie richtet sich nicht nach unseren Gedanken und Maßstäben. Wir tun vielmehr gut, unsere Gedanken und Maßstäbe nach ihr zu richten. So lasst uns die Geschichte betrachten.

1. Der Aufstand der Massen

Der Prophet Elisa kommt aus einer gewaltigen Stunde. Er durfte Zeuge sein, wie sein Meister Elia »im Wetter gen Himmel fuhr«. Nun wandert er sehr allein nach Beth-El.

O dies Beth-El! Es war einst eine Segensstätte. Davon zeugte noch der Name »Haus Gottes«. Doch nun war es der Mittelpunkt des Abfalls vom lebendigen Gott geworden. Hier waren zuerst die Götzenbilder aufgestellt worden, die Israel verdarben. Es ist oft so gewesen: Da, wo einst das Evangelium besonders hell geleuchtet hat, da ist später tiefe Finsternis eingekehrt.

Als Elisa sich Beth-El nähert, kommt ihm ein großer Haufe junger Burschen entgegen. Luther übersetzt: »kleine Knaben«. Aber im Hebräischen steht »na'ar«. Mit diesem Wort bezeichnete sich Salomo, als er König geworden war. Da war er aber ein Jüngling. Und dasselbe Wort wird gebraucht für die jugendlichen Ratgeber des Königs Rehabeam. Das waren sicher keine Kinderchen. Und das Wort, das Luther mit »klein« übersetzt, heißt hier wohl so viel wie »unbedeutend«. Luther folgte in seiner Übersetzung der lateinischen Bibel. Aber wir müssen auf den hebräischen Text zurückgehen.

Es kam also dem Elisa ein Haufe junger Burschen entgegen, die im Leben noch nichts geleistet hatten; die es lediglich gelernt hatten, in Massen pöbelhaft aufzutreten. Wie viele waren es wohl? Wenn nachher 42 umkamen, werden es sicher 80 gewesen sein.

Wie kennen wir diese gefährliche Masse! Da denkt man nicht. Da blökt man nur nach, was der Leithammel vorblökt. Da bedenkt man auch nicht Gottes Taten in der Vergangenheit. Wie hatte Gott sich in Israel bezeugt! Doch diese jungen Leute waren wie Eintagsfliegen, die in den Tag hineinleben.

Lachend und spottend umgaben sie den Elisa. Wie lächerlich kommt er ihnen vor: ein junger Mann, der Gott fürchtet und von Herzen liebt!

Darüber war man doch hinaus! So prasselt der Spott auf den Elisa nieder. Ja, Elisa war damals noch ein junger Mann. Darum ist der Spott auch nicht verständlich: »Kahlkopf, komm herauf!« Nun, vielleicht hatte der junge Elisa eine Glatze. Das gab für die schön ondulierten Jünglinge einen guten Anlass zum Spott.

Aber ich bin nicht überzeugt von der Glatze des Elisa. Im Alten Testament schnitten die Propheten Gottes ihr Haar nicht. Elisa trug sicher das lange Haar der Propheten. Nun wollen die Burschen witzig sein und nennen ihn »Kahlkopf«. Ich habe noch nie erlebt, dass der Spott der Welt über die Knechte Gottes sich durch Geist ausgezeichnet hätte.

»Kahlkopf, komm herauf!« Das heißt »Wage es nur, zu uns nach Beth-El zu kommen! Dann wirst du Schlimmes erleben!« Hört ihr den Ton der Drohung? Wenn die Masse über Gotteskinder spottet, so steckt immer eine Drohung dahinter: »Wage du es nur nicht, aus unserer Reihe zu treten. Das dulden wir nicht. Hier muss jeder mitsündigen!«

Unter dem Hagel des Spottes steht Elisa. Wie oft haben seitdem Christenleute so stehen müssen! Ein Mensch, in dem der Herr Jesus Christus Gestalt gewonnen hat, kommt nicht unangefochten durch das Beth-El dieser Welt.

2. Ein vollmächtiger Gottesknecht

Das war eine schwere Stunde für den jungen Elisa! Spott ist schwer zu ertragen. Vor dem ist sogar ein Petrus weich geworden.

Der Elisa war lange Zeit mit dem gewaltigen Propheten Elia gewandert. Vor dem hatten die Menschen Respekt. Der war dem jungen Elisa ein starker Halt. Aber nun war der von Gott heimgeholt worden. Wie stand der Elisa nun allein!

Das ist der normale Weg für die, welche Jesus angehören. Zuerst dürfen sie sich an einen erfahrenen Christen anlehnen, wie ein junges Bäumchen einen Pfahl zum Halt bekommt. Aber eines Tages muss man allein stehen. Dann kommt die große Bewährung des Glaubens.

Der Elisa bewährt sich herrlich. Im Text heißt es: »Elisa fluchte ihnen im Namen des Herrn.« Gerade dieser Satz kommt den unerleuchteten Weltmenschen so anstößig vor. Wir wollen ihn untersuchen.

Zunächst ist gesagt: Elisa ließ sich in keine Verteidigung ein. Er dachte an die ganz große Wahrheit: »Mein ist die Rache, spricht der Herr. Ich will vergelten.« Und so tat er wie der Sohn Gottes: »Er stellte es dem anheim, der da recht richtet.« Das sollten wir auch lernen.

Aber es ist noch mehr hinter diesem unheimlichen Satz. Elisa kannte Gottes Wort aus 3.Mose 26. Da sagt Gott zu seinem Volk: »Und wo ihr mir entgegen wandelt und mich nicht hören wollt, so will ich wilde Tiere unter euch senden, die sollen eure Kinder fressen und eure Straßen sollen wüst werden.«

Und nun übergibt der Elisa diese Spötter dem Gericht dieses gewaltigen Gottes. Das ist eine ganz große Tat des Glaubens. Er schreibt Gott nicht vor, wann und wie er richten soll. Er legt nur feierlich die Sache in diese allmächtige Hand.

Das Gegenstück haben wir im Neuen Testament. In der Gemeinde in Korinth war ein Mann, der der Gnade spottete durch leichtsinnigen Ehebruch. Da sagt Paulus: »Ich habe beschlossen, im Namen unseres Herrn Jesu Christi ihn zu übergeben dem Satan zum Verderben des Fleisches, auf dass sein Geist gerettet werde …«

Augustinus hat einmal gesagt: »Wenn sie Gott nicht lieben wollen, dann müssen sie lernen, ihn zu fürchten.«

Elisa ist wehrlos. Aber seine Macht ist der Herr. Ihm übergibt er feierlich diese Spötter.

Die Gemeinde Jesu ist sehr wehrlos und verspottet in dieser Welt. Aber die Welt möge sich nicht täuschen darüber, wie sehr der Herr dieser Gemeinde zu fürchten ist.

3. »Wo soll ich fliehen hin?«

Womit Elisa gar nicht rechnen konnte, das geschieht: Es kommen zwei fürchterliche Bären und richten unter den Spöttern ein Blutbad an.

Ich habe mir diese jungen Männer aus Beth-El vorgestellt, wie ihnen plötzlich das Spotten vergeht, wie ihnen das Grauen die Stimme verschlägt. Und dann wollen sie fliehen. Aber – wohin? Wohin?

Das ist genau die Frage, die uns beschäftigen sollte. Haben nicht auch wir Gott verachtet? Haben wir nicht seine Gebote unter die Füße getreten? Meint ihr denn, Gottes Gericht käme nicht auch auf uns zu wie auf diese jungen Männer? Wo wollt ihr hin fliehen, wenn Gott eure Sünden an das Licht zieht?

Ich weiß einen Platz, wohin wir fliehen können – wohin wir fliehen sollten, solange es Zeit ist: Das Kreuz Jesu auf Golgatha!

Stellt euch einmal das Unwahrscheinliche vor: Da kommen die fürchterlichen Bären als Gerichtsboten – entsetzt schreien die Beth-Eler Jünglinge auf. Aber da stürzen die Bären auf Elisa zu und zerreißen ihn. Unmöglich?

Nun, dies ist geschehen – auf Golgatha. Da kam Gottes Gericht, und der Richter stellte sich ihm in den Weg und trug das Gericht – auf dass wir Frieden hätten. Welch ein Wunder! Sollten wir nicht jetzt – heute – zum Kreuz fliehen?

Der notvolle Kampf eines erweckten Herzens

1.Chronik 5,19-20: Und sie stritten mit den Hagaritern; und es ward ihnen geholfen wider sie. Denn sie schrien zu Gott im Streit, und er ließ sich erbitten; denn sie vertrauten ihm.

Vor kurzem war hier in Essen eine Gemeindeversammlung. Da wurde es wieder einmal ausgesprochen, was von allen Seiten auf uns eindringt: Die Kirche soll nicht so viel von der Bibel sprechen. Sie soll vielmehr die aktuellen Tagesfragen auf die Kanzel bringen.

Nun, ihr könnt mir wohl glauben, dass es mich oft reizt, ein Wort zu sagen über Gewerkschaftsfragen, über das Saargebiet oder unsre Aufrüstung.

Aber jedes Mal, wenn ich in diese Versuchung komme, steht eine Erinnerung vor mir auf: Da saß ich als ganz junger Leutnant in einem Soldaten-Gottesdienst hinter der Front. Ich war auf den lebendigen Gott gestoßen. Ich hatte Angst vor ihm. Was sollte aus mir werden, wenn ich einen tödlichen Schuss bekam? Mich bewegte die große Frage: »Wie bekommt ein Sünder Frieden mit Gott?«

Darauf muss doch die Kirche die Antwort haben. Aber der Pfarrer auf der Kanzel redete nur aktuelle Dinge. Er hielt – kurz gesagt – eine richtige Kriegspredigt.

Verzweifelt saß ich zu Füßen dieses Schwätzers. Nun, Gott selbst hat sich seines verlorenen Kindes angenommen. Und jetzt bin ich selbst Prediger. Sooft ich auf die Kanzel trete, muss ich denken: Vielleicht sitzt solch eine suchende Seele hier voll Heilsverlangen. Dieser Seele möchte ich helfen und verzichte dann gern auf den Ruhm eines ›aktuellen Predigers‹.

Unser Text heute spricht von einer Sache, die nur erweckte Herzen interessiert.

1. »Es ward ihnen geholfen«

Es sind ja nicht irgendwelche Kriegsgeschichten, die uns im Alten Testament erzählt werden. Israel ist Gottes Volk. Und seine Geschichten sind Vorbilder für den geistlichen Kampf der Gemeinde Jesu.

In unserer Geschichte handelt es sich nicht um das ganze Israel. Zwei und ein halber Stamm hatten sich östlich vom Jordan niedergelassen. Und dies kleine Häuflein kam nun in große Bedrängnis. Die Mächte des Heidentums machten sich auf, die kleine Schar zu erdrücken.

Wenn das geschah, dann war die Erkenntnis des wahren Gottes in diesem Land vernichtet. Dann war ein Licht ausgelöscht. Dann war jede Spur von Offenbarung Gottes, vom Gesetz Gottes und von der herrlichen Gnade und Erwählung Gottes getilgt. Dann war da, geistlich gesprochen, Nacht.

In meiner Bücherei habe ich ein wertvolles Bändchen aus dem Jahr 1745 von der Madame de la Mothe Guyon. Darin werden diese Geschichten ausgelegt mit – so heißt es dort – »Erklärungen, das innere Leben betreffend«.

»Das innere Leben betreffend« möchte ich unsere Geschichte auslegen.

Bei den meisten unter uns ist es doch so, dass Gott durch seinen Heiligen Geist ein kleines Glaubenslicht angezündet hat. Vielleicht ist es ein sehr kleines Licht. Vielleicht haben wir nur eine geringe geistliche Erkenntnis. Aber wie es auch sei: dieses kleine Licht gleicht dem armen Häuflein aus Israel. Es ist ungeheuer preiszugeben. Da erhebt sich ringsum die ganze Welt und will es auslöschen. Oft sind es die eigenen Familienangehörigen. – Ich habe kürzlich beobachtet, wie ein Mann ein Streichholz mit dem Fuß austrat. So massiv will die Welt jedes lebendige Glaubensflämmchen austreten.

Wenn das nur alles wäre! Aber da kommt unsre eigene Vernunft, da kommen Fleisch und Blut und streiten wider unser armseliges geistliches Leben. Da weht das Glaubensflämmchen im Sturm und will erlöschen.

Wie oft ist es erloschen! Ich werde oft höhnisch gefragt: »Wo bleiben all die jungen Menschen, die in Ihrer Jugendarbeit einmal mitmachten?« Dann frage ich weiter: »Wo bleiben die vielen, die nach dem Krieg erschüttert im Gottesdienst saßen?« Viele, viele haben es erfahren, wie ihr Glaubensleben erstickt, ausgelöscht und vernichtet wurde.

Es kommt mir oft vor, als wenn die ganze Hölle in Bereitschaft stünde, um jedes geistliche innere Leben in einem Menschenherzen zu vernichten. Wir wissen alle davon, wie preisgegeben unser geringes geistliches Leben ist. Wir sind wie das Häuflein Israels vor den Hagaritern.

Und doch – »ihnen ward geholfen«. Das klingt sehr geheimnisvoll. Es ist auch ein großes Geheimnis. Da steht der dahinter, der gesagt hat: »Ich will mich meiner Herde selbst annehmen.« Ja, es wurde ihnen so großartig geholfen, dass es in unserer Geschichte nachher heißt: »Es wurden die Hagariter und alle, die mit ihnen waren, in ihre Hände gegeben!«

Versteht ihr, was das heißt? Das kleine, arme Glaubensflämmchen soll so stark werden, dass es von der Vernunft, von Fleisch und Blut

Besitz nimmt. Ja, dass es in der bedrängenden Welt Beute macht. Ich habe es häufig erlebt, dass junge Menschen zuerst von ihrer ganzen Familie verachtet wurden um ihres Glaubens willen. Aber später zogen diese jungen Leute die ganze Familie mit zum Herrn Jesus. So ward ihnen geholfen.

2. »Sie schrien zu Gott«

Wenn doch das bedrängte innere Leben bei uns so mächtig würde, dass es den ganzen Menschen und sogar unsere Umgebung überwältigte! Wie das geschieht, das können wir lernen von diesem armen geistlichen Häuflein in unserer Geschichte.

Da steht vor allem: »Sie stritten mit den Hagaritern.« Es sah wohl ziemlich aussichtslos aus. Aber trotzdem machten sie nicht Frieden, sondern sie stritten, sie nahmen den Kampf auf. Ohne heißen Kampf lebt unser Glaubenslicht nicht lange. Da fallen mir alle die Verse des Grafen Zinzendorf ein: »O Christenmensch, wirf weg die Kinderschuhe, / und tritt den Kampf bei deines Herzogs Fahn' / fein männlich an!« Oder: »Wir haben neue Streiter wieder nötig. / Der Heiland mache Hunderte erbötig.« Und: »Mit Liegenbleiben / wird Schönheit nicht bewahrt. / Das Mühn und Treiben /

macht Streiter frisch und hart./ Die Augen klar, die Sinne heiter, / schöner ist nichts als bestaubte Streiter.«

Aber nun hätte der geistliche Kampf für das arme Häuflein in unserer Geschichte doch zu einer Niederlage geführt, wenn es nicht etwas Besonderes getan hätte. »Sie schrien zum Herrn.« Vielleicht schien ihre Niederlage schon besiegelt. Aber – da schrien sie zu Gott. »Und er ließ sich erbitten.«

Viele von uns kennen diese Situation: Da sieht man nur Niederlagen. Man hört förmlich den Teufel lachen: »Du, ausgerechnet du willst mir widerstehen?!« Die Welt lächelt: »Na, mit deinem Christenstand scheint es auch nicht weit her zu sein.« Das Glaubenslicht ist am Erlöschen. Da rafft sich die Seele auf und lernt dies: Schreien zum Herrn. Und sieh: Der Mann von Golgatha, der Sieger vom Ostermorgen, greift ein.

Sie schrien zu Gott. Es steht hier nicht: Sie beteten. Ich weiß nicht, wie viel dabei herauskommt, wenn es in der Kirche heißt: »Wir wollen beten.« Ich fürchte, dass da nur wenige mit dem Herzen dabei sind. Das Schreien eines Glaubensstreiters, der am Erliegen ist, klingt anders. Davon ist nicht viel zu sagen. Es will erfahren sein.

3. »Denn sie vertrauten ihm«

Das scheint mir nun wirklich der wunderbarste Satz zu sein. Da ist das arme Häuflein aus Israel am Erliegen. Die Hagariter triumphieren: Bald wird der Name Jehovas nicht mehr gehört werden. Die Sünden des Heidentums werden jetzt hier ihren Platz haben.

Da – ja, wie soll ich es sagen? – da schauen diese Verlorenen getrost auf ihren Herrn. Es ist, als spräche ein jeder: »Was gehen mich meine Niederlagen an! Was geht mich meine Ohnmacht an! Was geht mich die unheimliche Macht des Feindes an! Er ist hier, Jesus, der mich erkauft hat! Er ist hier, der stärker ist als der Teufel. Er ist hier, der gesagt hat: »Niemand soll meine Schafe aus meiner Hand reißen.« Er ist hier, der nicht lügen kann.

Und so ward ihnen geholfen. Und so wird dir und mir geholfen, wenn unser Glaube zerbrechen will. Lasst mich noch einmal ein Verslein von dem Grafen Zinzendorf erwähnen: »Lamm und Haupt: / Es sei geglaubt / und alles auf die Gnad gewagt. / Gar nichts sehn / und kindlich flehn / und dem vertrau, der's zugesagt. / Das ist deiner Leute Stärk', / dies sei auch mein Tagewerk, / dass ich auf der Gnade steh, / wüsst ich gleich nicht, wo ich geh.«

Eine geistliche Partisanen-Geschichte

1.Chronik 72,17-78: David aber ging heraus zu ihnen und antwortete und sprach zu ihnen: Kommt ihr in Frieden zu mir und mir zu helfen, so soll mein Herz mit euch sein; kommt ihr aber mit List und mir zuwider zu sein, da doch kein Frevel an mir ist, so sehe der Gott unserer Väter darein und strafe es. Aber der Geist ergriff Amasai, den Hauptmann unter den dreißig: Dein sind wir, David, und mit dir halten wir's, du Sohn Isais. Friede, Friede sei mit dir! Friede sei mit deinen Helfern! Denn dein Gott hilft dir.

Ich stand einmal auf einer Bergeshöhe in Fiume an der jugoslawischen Küste. Da erzählte mir ein Einheimischer von den letzten Kriegstagen: »Sehen Sie, rings auf den Höhen lagen fünf verschiedene Armeen. Und alle schossen auf alle.« »Wie!« fragte ich, »da waren doch nur die Alliierten und die Deutschen.« Er lachte: »O, Sie vergessen die Partisanen und die Untergrund-Kämpfer. Da waren Titos Leute und die monarchistischen Partisanen und der italienische Untergrund.«

»Ach ja!« seufzte ich. »Partisanen und Untergrund-Armeen – das ist auch so eine Erfindung der unruhigen Neuzeit!«

Und seht! Da irrte ich mich. Als ich unseren Text las, entdeckte ich: So etwas gab es schon in uralter Zeit. Unsre Geschichte führt uns hinein in eine Partisanen-Gruppe um das Jahr 1000 v. Chr. Sie lebte in einem einsamen Felsgebirge. Ihr Anführer war David, der große Psalmsänger. Der König Saul von Israel suchte vergeblich, diese Untergrund-Gruppe zu liquidieren.

Eines Tages stößt ein neuer Trupp zu David unter der Führung eines Mannes namens Amasai. Wir spüren die gefährliche Misstrauens-Atmosphäre, als David den Amasai ausfragt: »Wer bist du? Decke deine Karten auf!« Da gibt Amasai die wundervolle Antwort: »Dein sind wir, und mit dir halten wir's, du Sohn Isais!«

Nun müssten wir die ganze Sache nur ansehen als eine der üblichen Partisanengeschichten, wenn da nicht zwei Worte wären, die uns auf eine tiefere Bedeutung führen. Da steht seltsamerweise: »Da geriet der heilige Geist über Amasai.« Und das andere Wort heißt »Sohn Isais«. Dieser Ausdruck findet sich bei den Propheten und weist uns darauf, dass dieser David der Träger aller Verheißungen Gottes war.

1. Herr Lästig findet den rechten Platz

Einen seltsamen Namen hat man einst bei seiner Geburt dem Amasai gegeben: Amasai = der Lästige. Da ahnen wir eine erschütternde Jungen-Geschichte! Er war offenbar ein unerwünschtes Kind – vielleicht eines jener Kinder, die ohne Vater und schützende Familie aufwachsen müssen.

Denkt nur, wie einem Jungen zu Mute sein muss, dem sein Name jeden Tag sagt, dass er eine Last ist.

Nun ist er ein Mann geworden, und wir sehen ihn, wie er zu den verfemten Partisanen zieht. Es hat sich in seinem Leben offenbar nicht viel geändert: Er war auch als Mann im Königreich Sauls »der Lästige«. Das mag an ihm gelegen haben. Er war sicher ein schwieriger Mensch geworden. Wer in seiner Jugend keine Liebe erfährt, bei dem verbiegt sich innerlich alles.

Und nun findet der Amasai den David und seine Schar. Es ist eine armselige Schar, verfolgt, verachtet, verspottet. Sie folgen einem Herrn, der sagen kann: »Die Füchse haben Gruben, und die Vögel unter dem Himmel haben Nester. Aber Isais Sohn hat nicht, da er sein Haupt hinlege.«

Zu dieser seltsamen Schar findet Amasai. Und

wir spüren seinen Worten an: Hier fallen alle Minderwertigkeitskomplexe von ihm ab. Hier löst sich alle Verkrampfung. Es ist fast wie ein Lachen in seiner Stimme, als er etwa so sagt: »Ich heiße der Lästige. Aber dir, Sohn Isais, darf ich lästig werden. Ich weiß, dass du mich gern aufnimmst!«

Ich denke, ihr merkt schon, worauf unser Text hinaus will. Aus dem Geschlecht Davids stammt der Sohn Gottes nach seiner irdischen Gestalt. Und darum nennt die Bibel den Herrn Jesus auch »den Spross aus dem Stamme Isais«. Auch dieser Sohn Isais hatte nicht, wo er sein Haupt hinlegen konnte. O mehr! Er wurde sogar gekreuzigt. Aber er lebt und sammelt sich eine Schar – die Gemeinde Jesu.

Und seht: Jesus und seine Schar – das ist der rechte Platz für alle Amasais unsrer Zeit, für all die Einsamen, Unverstandenen, Herumgestoßenen. Laut ruft der Isai-Sohn in diese verzweifelte Welt: »Kommet her zu mir alle, die ihr mühselig und beladen seid. Ich will euch erquicken.«

Es ist einfach Tatsache: Wo ein Mensch Jesus als seinen Heiland findet, da lösen sich die Komplexe und Verkrampfungen. Bei ihm ist man nicht mehr der »Lästige«, sondern der »Willkommene«.

2. Eine zweifelhafte Sehnsucht wird erfüllt

Als ich kürzlich auf unsere Textgeschichte stieß, bin ich richtig erschrocken. »Dein sind wir, du Sohn Isais!« Darf denn wirklich ein Mensch zu einem anderen Menschen so sprechen? Wir kommen hier an eine Sache, die für unsere Zeit sehr wichtig ist.

Je einsamer der Mensch heute ist, desto mehr wacht eine seltsame Ursehnsucht in ihm auf: Wir möchten uns verlieren an einen anderen – bis zur Selbstaufgabe.

Nur aus dieser Ursehnsucht heraus sind die faszinierenden Menschen der Weltgeschichte zu verstehen: ein Napoleon, ein Hitler, ein Lenin. Hingerissen und hingegeben folgen die Menschen diesen Männern in den Abgrund.

Die Bibel warnt ernst davor und weist darauf hin, dass dies eine stille Absage an Gott bedeutet. Und die Bibel sagt uns weiter, dass am Ende noch einmal solch ein Mann ganz großen Formats auftreten wird: der Antichrist. Meine Mutter hat uns erzählt von einer alten Magd in ihrem Elternhaus, die oft die Kinder beschworen hat: »Nehmet nur das Zeichen des Antichrists einmal nicht an!« Diese alte Magd kannte die Sehnsucht unseres Herzens, hörig zu werden.

Nun leben wir in den Tagen kleiner Dinge. Da nehmen die Herzen mit weniger vorlieb. Männer werden Frauen hörig und zerstören so ihre eigene Familie. Ich kenne Jungen, die einem Freund hörig wurden. Das ist in jedem Fall Absage an Gott.

Wie verhält es sich denn nun in unserer Geschichte mit dem Wort des Amasai: »Dein sind wir, Sohn Isais«? Liegt hier nicht so ein furchtbarer Fall vor, wo ein Mann sich aufgibt und hörig wird?

O nein! Wir müssen in David mehr sehen als einen Partisanenführer. Die Bibel zeigt ihn als Vorbild Jesu Christi. Gott hat sein Reich im Alten Bund in einzelnen Menschen statuiert: in Abraham, Jakob, Mose, David. Da ist eine Linie von Menschen, die Träger des Gottesreiches sind. Diese Linie endet in Jesus. Und jeder dieser Männer vorher trägt schon heimlich das Gesicht Jesu.

Zu dem Repräsentanten des Reiches Gottes auf Erden also spricht Amasai so, wie wir zu Jesus sprechen dürfen: »Dein sind wir, Jesus, und mit dir halten wir's, du Sohn Isais und Sohn Gottes.« Jesus ist der Einzige, an den wir uns verlieren dürfen, dem wir hörig werden dürfen, ohne Gott abzusagen. Im Gegenteil! So werden wir Kinder Gottes.

Wir haben hier in unserem Text das Urbild einer wirklichen Bekehrung: So kommt ein Amasai, einer, der sich selbst und der Welt lästig ist, zu dem verachteten und verspotteten Mann von Golgatha: »Dein bin ich, Jesus, und mit dir halte ich's, du Sohn Gottes!«

So klingt es in unseren Liedern: »Wem anders sollt ich mich ergeben / o König, der am Kreuz verblich. Hier opf'r ich dir mein Gut und Leben ...« So hat es Gerhard Tersteegen gemacht, als er sich in einer Karfreitagnacht mit seinem Blut dem Sohn Gottes verschrieb.

Christen sind Jesus-hörige Leute. Und ich bin überzeugt, dass wir mit dieser Ursehnsucht, sich an den Einen zu verlieren, auf Jesus angelegt sind. Augustin sagt: »Unser Herz ist unruhig in uns, bis es ruht in dir.«

3. Die Untergrundbewegung Jesu

Nun möchte ich noch einen Gedanken aussprechen, der sich uns bei dieser Kurzgeschichte aufdrängt. Wir sahen, wie hinter dem Bild des Partisanenführers David das Bild Jesu auftaucht. Ich hätte fast gesagt: des Partisanenführers Jesus. Ja, ich muss gestehen: Das meine ich!

Der Sohn Gottes hat seit seiner Auferstehung eine geistliche Untergrundbewegung angefangen. Weise und Gelehrte, Könige und Volksführer sind ausgezogen, sie zu vernichten. Aber der Sohn Isais lebt und wirkt und schafft göttliche Unruhe.

Und allezeit zieht es die Leute vom Schlage des Amasai zu ihm hin. Die Gefolgschaft des David wird einmal so geschildert: »Und es sammelten sich zu ihm allerlei Männer, die in Not und Schulden und betrübten Herzens waren, und er war ihr Oberster.«

Ja, so ist es bei Jesus. Mühselige und Beladene, Leute, die vor Gott schuldig sind, und Entronnene Satans sammeln sich hier. Und es ist in dieser Gemeinde Jesu wie bei dem Haufen um David: Sie haben im Grunde kein anderes Gesetz und keine andere Ordnung, als dass sie freudig ihrem Herrn folgen.

Und wie die Mannen Davids lernen die Gefolgsleute Jesu streiten. Sie werden geübt im Kampf mit Fleisch und Blut, mit Satan und Welt.

Und wenn man sie fragt, ob sie nicht doch lieber zu den Gewohnheiten der Welt zurückkehren möchten, schauen sie auf ihren Heiland und erklären: »Dein sind wir, Jesus, und mit dir halten wir's, du Sohn Gottes. Friede, Friede sei mit dir! Friede sei mit deinen Helfern! Denn dein Gott hilft dir.«

Die ganz einfache Geschichte eines rechten Christen

2.Chronik 17,6: *Und da sein Herz mutig ward in den Wegen des Herrn, tat er fürder ab die Höhen und Ascherabilder aus Juda.*

Die ganze Woche hindurch hat mich dieser wundervolle Satz begleitet: »Sein Herz ward mutig in den Wegen des Herrn.«

Nun blätterte ich am Samstagmorgen die Zeitungen durch. Da fand ich ein Bild vom neuen Ruhrschnellweg Essen-Bochum. Mir fiel ein, wie manches Mal ich auf dem alten Ruhrschnellweg fast verzweifelt bin, wenn ich gar nicht weiter kam. Bald hing ich hinter einem LKW, bald hinter einer Gemüsekarre fest. Und ein Strom von Wagen kam mir entgegen, dass ich nicht überholen konnte.

Und nun dies Bild in der Zeitung! »Freie Fahrt!« stand darunter. Man sah vier breite Fahrbahnen, auf denen es herrlich vorwärts geht.

Das wurde mir ein Bild für das Christenleben. Es gibt so viele Christen, die machen's wie die Autofahrer auf dem alten Ruhrschnellweg. Sie machen zuweilen kleine Ansätze, aber wirklich vorwärts kommen sie nicht. Bald sind es Verhältnisse, bald Menschen, dann Lieblingssünden, dann Zweifel, die sie aufhalten.

»Sein Herz ward mutig in den Wegen des Herrn.« Das hieß: »Freie Fahrt!« Sollte es bei uns nicht auch einmal dahin kommen?

Es sind keine großen Gedanken, die ich heute vorlegen will. Es ist die ganz einfache Geschichte eines rechten Christen.

1. Am Anfang steht ein fester Entschluss

Im Sommer hatte ich mit meinen Mitarbeitern eine Freizeit in Urach. Eines Tages waren wir im Schwimmbad. Dort wurde unsre Aufmerksamkeit auf einen Vater gelenkt, der seinem Sohn das Springen beibringen wollte. Der Junge stand auf dem Sprungbrett. Bald ging er entschlossen nach vorn. Doch wenn er den Wasserspiegel sah, schreckte er zurück.

Der Vater redete ihm zu. Vergeblich! Bald waren alle meine erfahrenen Leiter um das Sprungbrett versammelt und halfen mit. Der eine machte vor, wie einfach so ein Sprung sei. Andere redeten dem Jungen zu. Es war trostlos, wie oft der Junge mutig nach vorn schritt und dann doch im letzten Augenblick alles aufgab.

Am Abend zogen die 50 Mitarbeiter durch die Straßen und sangen ein Lied, in dem es heißt: »Wag es mit Jesus!« Da fiel mir der Junge ein. Stehen nicht viele von uns so vor dem letzten

Schritt einer Übergabe an den Herrn Jesus? Man hat seinen Ruf gehört. Man weiß: Ich sollte mich in seine Arme werfen und alle Bedenken dahinten lassen. – Aber dann kommt's doch nicht dazu. Warum nicht?

Der junge König Josaphat, von dem unsre Kurzgeschichte berichtet, hatte diesen Schritt gewagt. Er hatte sich entschlossen, den Weg des Herrn zu gehen. Was für eine heilige Stunde im Leben dieses jungen Mannes mag das gewesen sein!

Ich habe eine Vermutung darüber, was ihm wohl den letzten Anstoß zu diesem heiligen Entschluss gab. Seinen Namen »Josaphat« kann man übersetzen »Gott gibt Gerechtigkeit«. Das ist ja die herrliche Botschaft des Neuen Testaments! Mein Gewissen sagt mir: Ich kann mit all meinen Sünden nicht vor Gott bestehen. Aber der Sohn Gottes ist für mich gestorben und hat das Gericht über meine Schuld auf sich genommen. Nun darf ich meine Schuld bei Jesus lassen und im Glauben seine Gerechtigkeit vor Gott mir aneignen. Gott hat mir Gerechtigkeit geschenkt, die vor ihm gilt! So jubelt der Römerbrief. Und so jubelt der Name des jungen Königs Josaphat: Gott schenkt Gerechtigkeit, die mich vor ihm bestehen lässt.

Josaphat entschloss sich, auf den »Weg des Herrn« zu treten – für ein ganzes Leben. Nichts überwindet unser Herz so wie die Botschaft: »Gott will all deine Schuld in des Meeres Tiefe werfen. In Jesus bietet er uns volle Gnade, Vergebung und Versöhnung an.« Wenn ein Gewissen das richtig hört, dann heißt es: »Sollt ich dem nicht angehören, / der sein Leben für mich gab …!«

So etwa mag es bei Josaphat gewesen sein. O ihr Hörer vieler Predigten! Wann wollt ihr es machen wie Josaphat und endlich einen Entschluss fassen, auf den euer Erlöser schon so lange wartet?

2. Ein Herz, das Mut gewinnt

»Und da sein Herz mutig ward in den Wegen des Herrn …« Als ich das las, fiel mir unwillkürlich ein, wie eines meiner Kinder das Laufen lernte. »Jetzt wird's endlich Zeit!« sagte die Mutter energisch und stellte das Kind auf die Füße. Aber das hatte kein Vertrauen zu dieser Unternehmung und setzte sich auf den Boden.

Und dann – eines Tages – da probierte es aufs neue. Und siehe – es ging! Da wurde es mutig in seinen Wegen, als es merkte: Es geht ja!

So war es bei Josaphat. Zuerst war er sehr

ängstlich. Konnte man es wirklich »wagen mit Jesus«? Er versuchte es. Und siehe – es ging! Da gewann er »Mut in den Wegen des Herrn«.

Man muss in den Wegen des Herrn laufen lernen, um Mut zu gewinnen:

Und nun frage ich euch: War mein Beispiel von dem Kind, das laufen lernt, richtig? Nein! Jedenfalls nicht ganz richtig. Wenn ein Kind laufen lernt, dann stehen da Vater und Mutter und Geschwister. Und sie loben es und freuen sich. Wenn aber ein junges Herz sich entschließt, auf den Wegen des Herrn zu gehen, dann ist es meist sehr anders. Dann regt sich alles auf und sagt: »Der Mensch ist überspannt!« Und das eben macht die Sache so schwer.

Kennt ihr die Geschichte von den Gänsen, die Kierkegaard erzählt? Auf einem Gänsehof putzten sich jeden Sonntag die Gänse und watschelten auf einen benachbarten Hof, wo ein Gänserich predigte: »Wir Gänse sind zur Sonne berufen!« Eines Tages sah man einen jungen Gänserich, der zu fliegen versuchte. »Was machst du?« fragte die entsetzte Verwandtschaft. »Wir sind doch zur Sonne berufen«, erwiderte der junge Gänserich. Da waren die Verwandten bestürzt und sagten: »O Gott! Er ist verrückt! Er nimmt es ja ernst!«

Ist es nicht so in unserer heutigen Christenheit?

Nun, Josaphat versuchte die ersten Schritte. Und dann entdeckte er: Die »Gänse« umher finden sich langsam damit ab. Und wenn ich auf den Herrn sehe, dann gelingt es ja! Und sogar der Teufel muss schweigen, solange ich im Glauben auf den Herrn sehe. Da »wurde sein Herz mutig in den Wegen des Herrn«.
Als er so weit war, tat er etwas, was uns sehr schwer fällt. Er bekannte seinen Glauben vor aller Welt. »Er tat ab die Ascherabilder.« Das war ein so öffentlicher Akt, dass Josaphat damit bekannte: »Es wisse, wer es wissen kann: / Ich bin des Heilands Untertan.« Jesus sagt: »Wer mich bekennt vor den Menschen, den will ich auch bekennen vor meinem himmlischen Vater.«

3. Radikale Konsequenzen

»Sein Herz ward mutig in den Wegen des Herrn, und er tat ab die Ascherabilder.« Das waren die Götzen, die Gottes Volk von den Heiden ringsum übernommen hatte. Es mag mancher ein saures Gesicht gezogen haben, als dies Werk der Reinigung begann. Und doch – es war ein frohes Werk, als es hieß: »Volk Gottes! Wirf hinaus, was nicht zu dir gehört! Du sollst des Herrn heiliges Volk sein!« Es muss Schluss gemacht werden mit den Sünden der

Heiden, wenn wir dem Herrn gehören wollen.

Aber nun steht hier noch etwas: »Er tat ab die Höhen.« Was bedeutet das? Die Heiden lieben heilige Haine und Hügel, wo sie opfern. In Israel aber hatte der Herr sein Heiligtum im Tempel zu Jerusalem. »Hier will ich meines Namens Gedächtnis stiften«, hatte er gesagt. Doch das Volk liebte die Höhen und behielt sie bei. Wohl – man opferte dort dem Herrn. Aber – es mischte sich halbheidnisches Wesen dazwischen. Von dem König Asa heißt es: »Die Höhen wurden zwar nicht abgetan. Doch war das Herz Asas rechtschaffen.« Da spüren wir das Seufzen Gottes über diese unklaren Dinge.

»Josaphat tat fürder ab die Höhen.« Mag man ihn engherzig schelten! Was nicht klar ist, soll heraus aus dem Leben eines Gotteskindes.

Am Ende seines Lebens stellte es sich jedoch heraus: »Die Höhen wurden nicht abgetan. Denn das Volk hatte sein Herz noch nicht geschickt zu Gott.« Das Volk machte nicht mit. Wie allein hat Josaphat gestanden! So allein können rechte Christen stehen. Und doch nicht allein. Der Herr ist mit ihnen. Und das ist ihnen genug.

Von der seltsamen Sorge der Gläubigen

Psalm 31,23: Ich sprach in meinem Zagen: Ich bin von deinen Augen verstoßen. Dennoch hörtest du meines Flehens Stimme, da ich zu dir schrie.

Vor kurzem erzählte jemand von einer Dame, die sich einen neuen Mantel gekauft hatte. Dann stellte es sich heraus, dass die Farbe des Mantels nicht zu dem Blau ihres Autos passte. Nun war sie ganz unglücklich und wusste nicht, ob sie ihren Mantel umtauschen oder den Wagen neu lackieren lassen sollte. Als die Geschichte erzählt wurde, sagte einer der Zuhörer trocken: »Wunderliche Sorgen haben die Leute!«

Wenn nun diese Dame hier wäre in unserm Gottesdienst, dann würde sie wahrscheinlich den Spieß umdrehen und von uns denken: »Wunderliche Sorgen haben die Leute!«

In unsrer Kurzgeschichte erzählt nämlich der König David von seiner großen Sorge in einer der dunkelsten Stunden seines Lebens: »Ich meinte in meiner Angst: Ich bin von den Augen Gottes verstoßen.« Und es gibt keinen gläubigen Christen, der diese Angst nicht kennt.

Aber – erzählt das einmal einem unerweckten Weltmenschen! Er wird nur lächeln und sagen: »Komische Sorgen habt ihr!« Also lasst uns heute sprechen von der seltsamen Sorge der Gläubigen!

1. Um welche Sorge handelt es sich?

Es ist die Angst, dass der lebendige Gott mich von seinen Augen verstoßen hat.

Diese schreckliche Angst kennt nur der Mensch, der von der Wirklichkeit Gottes weiß, dem es durch und durch gegangen ist: »Fürwahr, er ist nicht ferne von einem jeglichen unter uns.« Vor kurzem sagte mir eine Frau: »Ich bin sehr religiös und habe auch meine Kinder religiös erzogen.« Da habe ich ihr erwidert: »Sie kennen den lebendigen Gott ja gar nicht!« Solange ich religiös bin, bin ich es, der Gedanken, Gefühle, Lehren annimmt oder verwirft. Ich bin nicht religiös. Aber ich kenne Gott und weiß: Er kann mich annehmen oder verwerfen. Und vor dem »Verwerfen« habe ich Angst.

Diese Angst kennt nur der Mensch, der die völlige Freiheit Gottes kennt, das wirklich zu tun. Einer der größten Glaubensmänner war Abraham. Mit diesem Abraham hat Gott einmal dreizehn furchtbare Jahre lang nicht mehr geredet, als er falsche Wege gegangen war. Wir sind nicht Abraham. Wäre es so wunderlich, wenn Gott uns ganz von seinen Augen verstieße?

Ein Weltmensch kann die Angst vor diesem »Verwerfen« einfach darum nicht verstehen, weil er die Lebensnotwendigkeit Gottes für uns nicht kennt. Da steht vor meinem Geist so ein Märtyrer aus der ersten Christenheit. Man sagt ihm: »Schwöre deinem Gott ab, sonst nehmen wir dir Hab und Gut.« Er überlegt: »Friede mit Gott ist mein Lebenselement. Was hilft mir mein Besitz, wenn ich nicht mehr atmen, beten und in Gott leben kann?« »Du willst nicht?« brüllt man ihn an. »So werden wird ich den Löwen vorwerfen.« Der Märtyrer denkt: »Was wäre das für ein Leben ohne Frieden mit Gott! Das wäre unerträglich.« Und so geht er vor die Löwen – und bleibt im Leben.

Für einen Christen bedeutet der Friede mit Gott das Leben; dies ist die Luft, in der allein er atmen kann; es ist das Element, in dem allein er existieren kann.

Und darum ist es eine grauenvolle Vorstellung, Gott könnte mich nicht mehr wollen.

In diese Not ist David gekommen: »Ich sprach in meinem Zagen: Ich bin von deinen Augen verstoßen.«

2. Wozu führt diese Sorge?

David sagt es: »... da ich zu dir schrie ...«
Ich habe in meiner Bibliothek viele Bücher

über das Gebet. In fast allen ist die Rede von einem Beten, das aus der Stille kommt und in die Stille führt. Wohl uns, wenn wir solch ein Beten kennen! Aber davon ist hier nicht die Rede. »... da ich zu dir schrie ...« – da ist der Lärm abgründiger Verzweiflung, da ist ein Schreien aus schrecklicher Not.

Vor Jahren hatte ich einmal eine Freizeit in Caub am Rhein. Am ersten Tag gingen wir schwimmen. Kaum waren die ersten Jungen im Wasser, da wurden sie wirbelnd fortgerissen. Es war furchtbar. Nun, sie wurden durch Lotsen, die in ihren Kähnen saßen, gerettet. Aber ich höre noch immer dies verzweifelte Schreien. So, – so verzweifelt drang das Schreien Davids an Gottes Ohr: »... da ich zu dir schrie.«

Wenn wir dies Schreien verstehen wollen, müssen wir fragen: »Wie kam David denn dazu, dass er sich von Gottes Augen verstoßen meinte?« Darüber gibt uns der Psalm, aus dem unsre Kurzgeschichte stammt, Aufschluss.

Er kam in äußere, schwere Not. Er ist König, er trägt Verantwortung. Und nun geht alles schief. Er sagt: »Ich höre das Zischeln der Vielen, / Schrecken rings umher, / da sie gegen mich beraten, / sie wollen mir das Leben nehmen.« O ja, äußere Nöte können in tiefe Dunkelheit, Einsamkeit und Verzweiflung führen. Aber David kennt ja den Ausweg: Gott ist doch noch da! Er will beten. Da – ja, da fällt ihm ein: Wie kann ich noch Hilfe finden? Ich habe ja leichtsinnig gesündigt. Er sagt: »Meine Kraft ist verfallen vor meiner Missetat.« Nun ist die äußere Not gar nicht mehr so wichtig. Jetzt verklagt ihn sein Gewissen vor Gott. »Meine Sünden scheiden mich von meinem Gott.« Von dieser Not heißt es in einem Lied: »Es gibt im Leben ein Herzeleid, / das ist wie die weite Welt so weit, / das ist wie Bergeslasten schwer, / das ist so tief wie das tiefe Meer. – Das ist das große Herzeleid, / wenn um die Sünde die Seele schreit …« Ja, da fürchtet man es: »Ich bin von deinen Augen verstoßen.«

Nun muss ich etwas sehr Wichtiges sagen: Ich glaube, dass sehr viele Menschen mit einer verborgenen Verzweiflung im Herzen herumlaufen, weil sie – wie David – es wissen: Meine Sünden scheiden mich von meinem Gott. Aber dann bleiben sie dabei stehen.

Zwei Beispiele: Als ich in einer bergischen Stadt eine Evangelisation hatte, fragte ich einen jungen Mann: »Warum kommen Sie nicht in meine Versammlungen?« Er zuckte die Schultern. »Glauben Sie, dass ein Gott ist?« »Ja!« erwiderte er. »Tun Sie seinen Willen?« fragte ich.

»Nein!« antwortete er hart. Da war mir klar: Es geht ihm wie uns allen: Wir schieben die Frage nach Gott von uns, weil zwischen ihm und uns Schuld liegt.

Als ich jetzt in einem schwäbischen Städtchen Vorträge hielt, lud eine fromme Mutter ihren erwachsenen Sohn dazu ein. Da schrie der wild: »Nein! Ich will nicht hingehen! Der Mann dort hat Recht! Aber wenn ich hingehe, dann bekomme ich ein schlechtes Gewissen. Da will ich lieber, dass mein Gewissen schläft. Dann habe ich wenigstens Ruhe!«

3. Welches große Wunder darf man bei solcher Sorge erleben?

Wenn ihr den ganzen Psalm 31 lest, dann werdet ihr finden: David schrie nicht vergeblich. Unser Text berichtet: »Du hörtest meines Flehens Stimme.« Und in vielen andern Stellen will es mir vorkommen, als wenn ein Boot nach halsbrecherischer Fahrt in einen stillen Hafen einfährt: »Du verbirgst mich heimlich bei dir.« »Ich freue mich und bin fröhlich über deine Güte.« »Seid getrost und unverzagt, alle, die ihr des Herrn harret.«

Ja, »du hörtest meines Flehens Stimme«.

Wie geschah das? Ja, wie? Wie soll ich das klar machen? Da kann ich doch nur bezeugen,

wie es je und dann bei mir geschah, wenn ich meinte, ich sei von seinen Augen verstoßen:
Er zeigte mir, dass er an meiner Statt einen andern gestellt hat, der meine Missetat auf sich nahm und dann an meiner Statt verstoßen wurde von seinen Augen.
Da sah ich Jesus am Kreuz. Ich sah ihn in der grauenvollen Nacht jenes unheimlichen Karfreitag am Kreuz. Und ich hörte, wie er schrie in seinem Zagen: »Mein Gott! Mein Gott! Warum hast du mich verlassen?«
Und ich wusste die Antwort: »Um meinetwillen! Die Strafe liegt auf ihm, auf dass ich Frieden hätte. Und durch seine Wunden bin ich geheilt.«
Und nun kann ich zum Schluss nur sagen wie David im 20. Vers: »Wie groß ist deine Güte, die du verborgen hast für die, welche die Angst vor dir kennen!«

Die himmlische Kurzgeschichte

Psalm 110,1: Der Herr sprach zu meinem Herrn: Setze dich zu meiner Rechten, bis ich deine Feinde zum Schemel deiner Füße lege.

Wenn ein Fremder heute morgen hier in unsre Versammlung gekommen ist, denkt der jetzt sicher: »Die haben komische Interessen! Wenn ich den Text recht verstanden habe, spielt diese Kurzgeschichte im Himmel. Und erzählt hat sie der König David. Angenommen, der hätte wirklich etwas gewusst von himmlischen Vorgängen – dann hat dieser David immerhin schon vor 3000 Jahren gelebt. Und so 'ne Geschichte wollen die hier besprechen! Und das ausgerechnet in einem Jugendgottesdienst!«

So denkt ein Fremder. Ja, vielleicht denken das sogar die treuen Besucher dieses Gottesdienstes.

Nun passt einmal auf: Wenn ich meine Augen ganz dicht vor das Mikrophon hier bringe, dann deckt mir das Mikrophon den Saal zu. Dann sieht es riesig aus, größer als der Saal. Wenn ich aber den richtigen Abstand habe, sehe ich die Dinge richtig. So geht es auch im Leben. Wir stehen so dicht bei den so genannten »aktuellen« Ereignissen, dass sie uns unsagbar wichtig erscheinen. Die Bibel aber hat die eigentümliche Kraft, dass sie uns den richtigen Abstand schenkt. Da schrumpfen die Dinge, die uns hier bedrängen, seltsam zusammen. Und wir entdecken: Die himmlische Kurzgeschichte ist sehr wichtig.

1. Wie schön, dass es so etwas gibt!

Wir gingen an einem Kino vorbei, aus dem die Besucher gerade herauskamen. Die Männer steckten sich eine Zigarette an, die Mädchen suchten nach der Puderdose. »Wie leer die Gesichter sind!« sagte mein Freund. »Ja«, habe ich hinzugefügt, »und wie leer erst die Herzen sind!«

Das ist das Kennzeichen unserer Zeit: Alles ist leer. Die Gesichter – die Herzen. Auch die Reden. Immerzu wird irgend etwas eingeweiht, eröffnet, gefeiert. Und dann reden Männer des öffentlichen Lebens. Was reden sie eigentlich? Leere Worte. Und die Kirche hat weithin auch nichts anderes mehr als unverbindliche Diskussionen und leere Worte, hinter denen keine Substanz steht. Und leer sind auch die Hoffnungen der Menschen. Man lebt nur noch in den Tag hinein. Leer sind sogar die Revolutionen. Seit langem sind sie – wie Berdjajew sagt – nur Umkleidungen, in denen das alte Böse in neuem Gewand auftritt.

Wie kommt denn das? Woher diese Leere? Es gibt nur eine einzige Antwort: Wo der Himmel leer geworden ist, wird alles leer. Und unsere Zeit hat einen leeren Himmel. Den richtigen hat man aus den Augen verloren. Man hat noch einen Ersatzhimmel in Reserve, in dem ein sogenannter »Herrgott« sich immer mehr verflüchtigt.

Wie ganz anders klingt es aus unserem herrlichen Text! Er zieht einen Vorhang hinweg und lässt uns in den wirklichen Himmel hineinschauen. »Der Herr« – das ist der Vater-Gott – »sprach zu meinem Herrn« – das ist der Herr Jesus, der Sohn – »Setze dich zu meiner Rechten …!« Und dies wird dem David gezeigt durch den Heiligen Geist. So haben wir die Heilige Dreieinigkeit: den Vater, den Sohn und den Heiligen Geist. Da ist nicht mehr ein leerer Himmel, da ist die Wirklichkeit Gottes.

Dass wir es doch fassten und aus der Qual des leeren Himmels herauskämen!

Da ist der Vater. Paulus sagt von ihm: »Er ist der Vater unsres Herrn Jesu Christi und der rechte Vater über alles, was da Kinder heißt.« Jawohl der rechte Vater.

Und da ist der Sohn, mein Heiland! Er sagt: »Wer mich sieht, sieht den Vater.« Und er sagt: »Ich bin gekommen, dass sie das Leben und volle Genüge haben sollen.« Und er sagt: »Siehe, ich mache alles neu.« Er ist der, »der dir alle deine Sünde vergibt«. Wirklich, ein wundervoller Erlöser!

Und da ist der Heilige Geist, der mir für alles die Augen öffnet und mich zieht, dass ich komme und glaube und nehme alles Heil Gottes.

Ein Himmel, der nicht leer ist! Dass es das gibt! Und dieser dreieinige Gott thront dort nicht wie eine Statue. »Der sprach zu meinem Herrn ...« Das heißt: Es wird gesprochen, es wird etwas getan. Es ist alles voll Leben.

2. Das muss man doch wissen

Ja, das muss man doch wissen, dass es hier entschieden wird, wer in der Welt das letzte Wort behalten soll. »Der Vater, Gott, sprach zum Sohn Jesus: Setze dich zu meiner Rechten, bis ich deine Feinde zum Schemel deiner Füße lege.« Diese kurze Geschichte ist tausendmal wichtiger und beachtenswerter und entscheidender als alles, was die Zeitungen in den letzten 300 Jahren geschrieben haben.

Es ist für die Vernunft unerhört, was hier gesagt wird. Die Zeitschriften berichten heute immer wieder von Männern, die ganz plötzlich eine ungeheure wirtschaftliche Macht an sich gerissen haben. Da könnte man denken: Am Ende behalten doch immer die genialen Raffer und Geldleute das letzte Wort. Nein! sagt die Bibel. Sie vergehen wie die Blume auf dem Feld. Ihre Macht zerfällt. Aber zu Jesus hat der Vater gesagt: »Ich lege alle deine Feinde zum Schemel deiner Füße.«

Wer das glauben könnte! Wir sehen heute, wie in der großen und kleinen Politik, ja sogar in der Kirche, das stille und heimliche Blockbilden die Herrschaft gewinnt. Wird nicht immer wieder der ganz Schlaue, der alle andern »überspielt«, das letzte Wort haben? »Nein!« sagt die Bibel. »Eintagsfliegen sind sie. Der Sohn Gottes behält das letzte Wort.«

Nicht die ganz Pfiffigen, nicht die ganz Schlauen, nicht die ganz Geschickten, nicht die heimlichen Drahtzieher und nicht die lauten Schreier behalten das letzte Wort in der Welt, sondern Jesus allein behält es.

Wirklich? Jesus? Das ist doch der ganz Verachtete, den man einmal an das Kreuz schlug und den man täglich neu kreuzigt. Das ist doch der Stein, »den die Bauleute verworfen haben«. Dieser Jesus hat das letzte Wort? Ja, so ist es in unserer himmlischen Kurzgeschichte entschieden worden.

Lasst uns das doch fassen! Dann brauchen wir

nicht zu verzweifeln an der Welt. Dann können wir fröhlich lachen über manches, was sich heute so wichtig aufbläht. Dann dürfen wir getrost ganz einfältig werden und uns mit Haut und Haar, mit Herz und Leben diesem herrlichen Herrn Jesus anvertrauen. Dann dürfen wir ihm ganz einfach gehorsam sein, auch wenn die ganze Welt das »verrückt« und »einseitig« findet.

3. Das ist ja gar keine Kurzgeschichte

»... bis ich deine Feinde zum Schemel deiner Füße lege ...« Das ist eine lange Geschichte. Da ist der Anfang klar: Der Vater verspricht dem Sohn die Herrschaft. Und das Ende ist auch klar: »alle Zungen werden bekennen, dass Jesus Christus der Herr ist.« Aber dazwischen die Geschichte – die ist lang: »... bis ich deine Feinde zum Schemel deiner Füße lege.«

Und nun kommt das Seltsame: Jeder, der sich mit Jesus einlässt, wird sofort in diese Geschichte hineingezogen. Da stellt sich nämlich auf einmal heraus: Die eigentlichen Feinde Jesu – die sind ja in meinem eigenen Herzen: mein Unglaube und mein elender Sorgengeist, mein irdischer Sinn und meine üblen Triebe, meine Lieblosigkeit und meine Unwahrhaftigkeit – kurz, meine ganze verdorbene Natur, die ich von meinem Stammvater Adam geerbt habe.

Und das ist die lange Geschichte eines wirklichen Christenlebens, dass – so drückt es Paulus aus – »Christus wohne durch den Glauben in euren Herzen und ihr durch die Liebe eingewurzelt und gegründet werdet.«

Nun können wir uns zum Schluss nur fragen: Hat diese Geschichte eigentlich bei mir schon angefangen, dass der Vater durch den Heiligen Geist dem Herrn Jesus alle Kräfte und Mächte meines Herzens, all diese rebellischen Kräfte, zu Füßen legt? Es ist das ein Kampf ohne jede Verkrampfung, weil wir täglich Vergebung empfangen dürfen durch sein Blut.

In dem Maß, als Jesus in unsrem Leben Sieger wird, haben wir Friede und Freude im Heiligen Geist.

Die Geschichte einer Errettung

Psalm 116,8: Du hast meine Seele aus dem Tode gerissen, mein Auge von den Tränen, meinen Fuß vom Gleiten.

An dem lieblichen Ufer des Zürichsees liegt die Ortschaft Männedorf. Dort ist ein Erholungsheim, das der gesegnete Samuel Zeller gegründet und das nach ihm Alfred Zeller lange geleitet hat. Viele Bedrückte, Beladene, Kranke sind dort an Leib und Seele gesund geworden. Oft habe ich dort bei Bibelkursen mitgearbeitet.

Wenn ich an Männedorf denke, dann steht der große holzgetäfelte Speisesaal vor meiner Seele. Von der Wand grüßen Bibelsprüche, die eine dankbare Patientin dorthin malen ließ und die den Weg ihrer Heilung bezeichnen. Das letzte Wort lautet: »Du hast mein Auge von den Tränen gerissen ...« Als ich zum ersten Mal von Alfred Zeller in diesen Speisesaal geleitet wurde, zeigte er auf diesen Spruch und sagte: »Viele haben das hier erfahren.«

Mich ergriff die Schönheit dieses Bibelworts, und ich fragte: »Wo steht denn das?« »Im 116. Psalm.«

Da nahm ich mir nachher in meinem Zimmer die Bibel vor und schlug diesen Psalm auf. Er hat 19 Verse, und mittendrin steht dieser Vers: »Du hast meine Seele aus dem Tode gerissen, mein Auge von den Tränen, meinen Fuß vom Gleiten.« Eine knappe, herzergreifende Kurzgeschichte! Sie erzählt in wenigen Worten die Geschichte einer Errettung.

1. Wie kam der Mann in die verzweifelte Lage?

Es muss ja wirklich eine verzweifelte Lage gewesen sein, in der der Psalmsänger gesteckt hat. Das spürt man aus jedem Wort unseres Verses. Darüber möchte man gern Näheres wissen. Man fragt sich: »Wie ist er in diese Lage gekommen?«

Nun muss ich euch etwas Unerhörtes sagen: Der Mann ist in diese Lage nicht hineingekommen. Er war immer schon darin. Nur hat er das lange Zeit nicht gewusst. Das entscheidende Erlebnis war, dass ihm eines Tages die Augen dafür aufgingen. Was hier geschildert wird, ist nämlich die Lage des natürlichen Menschen, der noch nichts von göttlicher Errettung weiß. Seine Seele ist am Rand des ewigen Todes. Tief im Herzen herrscht eine abgründige Traurigkeit. Sein Fuß ist am Gleiten.

Das ist unser aller Lage. Das Erstaunliche ist, dass die meisten Menschen in dieser Situation weiterleben – man müsste schon eher sagen: weiterwursteln –, ohne dass sie sich ihres Elends bewusst werden.

Ich wünsche uns allen von Herzen, dass es uns geht wie diesem Psalmsänger: dass wir zu uns kommen – dass wir unsere verzweifelte Lage sehen – dass uns die Augen aufgehen und wir erkennen, wie es um uns steht.

Der Psalmist sagt, dass seine Seele am Rand des Todes war. Dabei ist nicht vom natürlichen Sterben die Rede. Der »Tod der Seele« – das ist: für Zeit und Ewigkeit von Gott abgeschrieben sein. Ich las einmal die Geschichte, wie ein Mann sich in dunkler Nacht und im Gewittersturm im wilden Wald verirrt hat. Plötzlich zerreißt ein heller Blitz die Nacht; da erkennt er, dass er dicht über der Felswand eines Steinbruchs steht. – So ist es, wenn man zu sich kommt. Da erkennt man, dass man nur noch einen Schritt entfernt ist von dieser Verwerfung durch Gott.

Und weiter spricht der Mann von den Tränen in seinem Leben. Die meisten Leute machen sich gar nicht klar, dass sie im Grunde sehr unglücklich sind, dass eine Flut von Schwermut sie ständig bedroht. Woran liegt das? Einer der großen Evangelisten am Anfang unseres Jahrhunderts war Samuel Keller. Als junger Pfarrer in einer deutschen Kolonie Russlands war er ein eifriger Mann. Aber sein Herz wurde nicht froh in seiner Arbeit. Eines Tages schlug er die Bibel auf und las im 50. Psalm die Worte: »Was verkündigst du meine Rechte, so du doch Zucht hassest und wirfst meine Worte hinter dich?« Da sah er mit einem Schlage, wo es in seinem Leben fehlte und warum sein Herz traurig war. Er fiel auf seine Knie. Und nun kamen ihm die Tränen auch in die Augen. – Ob das nicht auch ein Wort für uns ist?

Und weiter schildert der Psalmist seinen elenden Zustand so: »Mein Fuß war am Gleiten.«

Da fällt mir die Geschichte von meinem Urgroßvater ein. Als junger Bursche war er in eine leichtsinnige Gesellschaft geraten. In einem Winter traf sich das junge Volk auf einer Schlinderbahn. Er lebte nämlich in einem Dörflein, in dem es die Vergnügungen der Großstadt noch nicht gab. Doch ging es auch dort beim Schlindern bis tief in die Nacht böse zu.

Und dann träumte er eines Nachts, er sei mit seinem Freund auf der Schlinderbahn. Sein Freund rutscht vor ihm her. Immer, immer schneller saust er. Er will einhalten, aber er kann nicht mehr. Plötzlich erkennt mein Urgroßvater mit Entsetzen, dass die Bahn in einen Abgrund hineinführt. Er sieht seinen Freund mit einem Schrei versinken. Verzweifelt schreit er auf – und da ergreift ihn plötzlich eine starke Hand und reißt ihn aus dem Gleiten. Er sieht auf und erkennt den Herrn Jesus.

Als er vom Traum erwachte, war er zu sich gekommen. Er verstand auf einmal das Bibelwort vom gleitenden Fuß. Ach, wie viele von uns sind auf einer solchen Bahn, die in den Abgrund führt!

2. Die starke Hand, die eingriff

Der junge Mann sah in seinem Traum die starke Hand Jesu. Von derselben Hand spricht unser Textwort: »Du hast meine Seele aus dem Tode gerissen ...«

Von dieser rettenden Hand möchte ich euch sagen. Es ist die Hand Gottes, die die Welt schuf und die am Kreuz für uns durchbohrt wurde. Diese Hand streckt sich uns entgegen. In demselben Augenblick, da wir zu uns kommen und unsere verzweifelte Lage erkennen, dürfen wir auf diese Hand Jesu sehen. Ich habe keine andere Botschaft als die von der rettenden Hand Jesu.

Kürzlich las ich einen interessanten Artikel. Darin wurde ausgeführt: Die Menschen werden heute mit den Problemen ihres Lebens nicht mehr fertig, mit der Ehe, mit dem Verhältnis zum Nächsten, mit dem Geld, mit den politischen Fragen. Und nun sagte der Schreiber, die Kirche würde gut tun, wenn sie nicht von abstrakten Dingen wie Gnade und Erlösung predigen wollte. Sie sollte vielmehr den Menschen helfen, mit den Problemen ihres Lebens fertig zu werden.

Was ist das für ein Unsinn! Sollte ich wirklich die Fragen des Lebens besser anpacken können nur, weil ich Theologie studiert habe? Sollen wir Prediger wirklich Ratgeber für billige Alltagsfragen werden?

Nein! Unser Textwort bezeugt uns den Einen, der die Seele aus dem Tode reißt, das Auge von den Tränen, den Fuß vom Gleiten. Und ich möchte euch die frohe Botschaft sagen: Der Herr Jesus will an uns dasselbe tun, was er an dem Psalmsänger getan hat.

3. Es ist dem Erretter nicht leicht geworden

Während ich diese Predigt vorbereitete, leitete ich eine Freizeit für höhere Schüler. Ich wohnte im »Haus der Begegnung« in Mülheim. In der Halle vor meinem Zimmer hing eine wundervolle Reproduktion von jenem berühmten Gemälde, auf dem Michelangelo die Erschaffung Adams dargestellt hat. Da braust Gott gewaltig daher und berührt ganz leicht mit der Spitze seines Fingers den noch leblosen Adam. Diese Berührung erweckt den Adam zum Leben. Da musste ich denken: »Die *Erschaffung* des Menschen ist Gott leicht gewesen.« Das stellt der Maler hier großartig dar.

Und da mir unser Text vom »Herausreißen« beständig durch den Sinn ging, musste ich weiter denken: Die *Errettung* des gefallenen Menschen hat Gott viel gekostet. Er sagt: »Mir hast du Arbeit gemacht mit deinen Sünden.« Und unser Textwort sagt nicht: Der Herr berührte mich mit der Spitze seines Fingers, da wurde ich errettet. Nein, es spricht von »herausreißen«. Da spüren wir etwas von der Mühe Gottes. Er hat seinen Sohn Mensch werden lassen. Und der hat grauenvoll sterben müssen. Und dann hat ihn Gott erweckt. Und nun geht es buchstäblich darum, dass der Herr Jesus uns herausreißt aus unserem elenden Zustand.

Doch wir brauchen uns nicht zu sorgen. Wir dürfen nur glauben und unsere schwache Hand ausstrecken. Er hat die Kraft zum Herausreißen. Dass es doch auch unsere Geschichte würde: »Du hast meine Seele aus dem Tode gerissen, mein Auge von den Tränen, meinen Fuß vom Gleiten«! Dann sind wir ein Gotteskind, unser Herz ist fröhlich, und unser Fuß tut gewisse Tritte zur ewigen Gottesstadt.

Streifzüge durch Herzen

Psalm 122,1: Ich freute mich über die, so mir sagten: Lasset uns ins Haus des Herrn gehen.

Vor einiger Zeit hatte ich an ein paar Abenden Vorträge in Trier zu halten. Da habe ich tagsüber mit einigen Freunden Streifzüge durch das nahe Luxemburg gemacht, nebenher aber noch ganz andere Streifzüge. Ich bewegte nämlich unseren Text in meinem Geist und machte anhand dieser Verse Streifzüge durch Herzen.

1. Wunderliches Menschenherz

Unser Text führt uns nach Israel. Dort war es Gebot und Sitte, dass man zu den großen Gottesfesten nach Jerusalem hinaufzog. Da wurde in allen Häusern fröhlich für die Reise gerüstet. Jeder kannte die Termine, und es war nicht üblich, dass zu diesen Festen besonders geworben und eingeladen wurde. Das war nicht nötig.

Aber nun spricht in unserm Text ein Mann, der offenbar eine besondere Einladung und Aufforderung doch nötig hatte. Wir lesen zwischen den Zeilen, dass er die Absicht hatte, nicht mitzugehen zu dem Volksfest.

Ja, warum wollte dieser Mann aus Israel nicht mitgehen, um das Angesicht des Herrn zu suchen und die Versöhnung mit Gott durch das Opfer?

Vielleicht war er ein Geschäftsmann oder ein Handwerker, der schrecklich viel zu tun hatte. »Gott ist Luxus«, dachte er, »die Arbeit geht vor.«

Vielleicht auch hatte er ein ungläubiges Herz. »Wer weiß«, dachte er, »ob es überhaupt einen Gott gibt. Und wenn es einen gibt – dann kann er mir doch nichts vorwerfen. Ich bin doch kein Verbrecher. Ich habe das Versöhnungsopfer nicht nötig.«

Es kann auch sein, dass sein Leben nicht in Ordnung war, dass er an eine ganz schmutzige Sünde gebunden war, von der er nicht lassen wollte. Leute, bei denen es so steht, lassen sich nicht gern an Gott erinnern.

Wie es auch sei – er wollte nicht mitziehen zum Hause des Herrn.

Aber nun gab es da in seinem Ort ein paar Leute, denen es weh tat, dass dieser Mann es verschmähte, seinen Herrn und Heiland zu suchen. So gingen sie zu ihm hin und redeten ernst mit ihm.

Wie hätte die Geschichte nun weitergehen müssen? Wir sollten denken, dass dieser Mann ärgerlich geworden wäre und erklärt hätte: »Lasst mich doch in Ruhe! Das sind meine Privatangelegenheiten.«

Aber seltsamerweise geht die Geschichte nicht

so weiter. Es ist zum Erstaunen, was hier steht: »Ich freute mich über die, die zu mir sagten: Lasst uns ins Haus des Herrn gehen.« Und dann ging er fröhlich mit.

Wunderliches Menschenherz! Wie soll man das verstehen? Seht! Jeder Mensch hat tief in seinem Herzen ein großes Verlangen nach dem lebendigen Gott, und es herrscht da eine tiefe Verzweiflung, weil man im Grunde ganz genau weiß, dass man durch seine Sünde von Gott geschieden ist. Es ist da ein großer Hunger nach Frieden mit Gott, bei jedem Menschen!

Aber nun melden sich die Vernunft und Fleisch und Blut und die Welt und Freunde und alles mögliche andere und sagen: »Du wirst doch nicht fromm werden wollen? Das ist doch alles nur Einbildung und dummes Zeug.« Und so bleibt man weiter in seiner trostlosen Situation.

Aber wenn dann jemand kommt und führt uns aus unserer Gottlosigkeit und aus unserem Ungehorsam heraus und zieht uns mit zum Herrn Jesus, der für uns das Versöhnungsopfer geworden ist, dann freut sich das Herz im tiefsten Grunde.

Ich erinnere mich an eine kleine Szene: Da machte sich einmal meine alte Mutter auf, um einen gottlosen Bauern zu besuchen, der der ärgste Lästerer und Säufer im ganzen Dorf war. »Ach, Mutter«, sagte ich, »es hat doch keinen Wert, solch einen Kerl mit einem seelsorgerlichen Besuch zu belästigen.« Darauf erwiderte sie nur: »O Kind, die Welt hungert nach Gott, und dieser Mann am allermeisten.«

2. Brennendes Christenherz

Da rüsteten sich also alle, um nach Jerusalem zum Tempel zu ziehen. Dieser eine Mann aber sagte: »Ohne mich!« Jetzt werden die meisten Leute gedacht haben: »Na, da lasst ihn doch. Was geht das uns an!« Es gilt ja als höchste Weisheit in der Welt, dass man sich um den Seelenzustand des anderen möglichst nicht kümmert. Als ich in Essen Pfarrer wurde, habe ich mit Schrecken entdeckt, wie viel Streit zwischen Menschen ist, in den Häusern und Familien. Ab und zu aber traf ich Leute, die keinen Krach hatten. Sie erklärten mir: »Wissen Sie, wir kümmern uns um niemand.« Das also gilt als die höchste Weisheit in der Welt. Und das ist schlimm.

So hat schon am Anfang der Menschheitsgeschichte der Kain erklärt: »Sollt ich meines Bruders Hüter sein?« Das schauerliche Gegenstück dazu steht im Neuen Testament: Da kommt der Judas, der für 30 Silberlinge seinen

Heiland verraten hat, in schrecklicher Gewissensnot zu den Priestern. Aber sie zucken nur die Achseln und sagen: »Was geht das uns an?«

In unserer Textgeschichte ist es anders. Da waren fromme Männer in Israel, die gingen zu ihrem Nachbarn und redeten ihm zu: »Komm, lass uns ins Haus des Herrn gehen!« Wie war dieser verirrte Mann glücklich, dass sich seine Nachbarn um ihn annahmen.

Auch diese schöne Geschichte hat ein Gegenstück im Neuen Testament: Da hat ein Mann namens Andreas den Herrn Jesus als seinen Heiland und Erlöser gefunden. Nun drängt es ihn als Erstes, seinen Bruder Petrus aufzusuchen und ihm ganz einfach zu bezeugen: »Ich habe den Messias gefunden.« Und dann steht in dem Bericht so eindrücklich: »Und er führte ihn zu Jesus.«

Das sind die rechten Christenherzen, die über der Erkenntnis Jesu so brennend geworden sind, dass sie am liebsten die ganze Welt für den Mann von Golgatha gewinnen möchten.

Nun müssen wir darauf achten, dass der Eifer der brennenden Christenherzen nicht das Geringste gemein hat mit Propaganda. Jede Propaganda will Menschen gewinnen für irgendeinen Zweck: für ein politisches Programm, für ein Geschäft oder sonst etwas. Die brennenden Christenherzen aber wollen retten. Ihnen ist die unheimliche Wahrheit klar geworden, dass Gott ein heiliger Gott ist, dass alle Menschen einmal vor ihm stehen müssen und dass wir Menschen dem Gericht Gottes und dem ewigen Verderben entgegengehen. Und sie haben die gewaltig große Tatsache begriffen, dass der Sohn Gottes am Kreuz eine Versöhnung mit Gott geschaffen hat. Wer bei Jesus ist, ist ewig errettet. Darum liegt ihnen so viel daran, Menschen zu Jesus zu führen.

3. Liebevolles Heilandsherz

Wir hörten in unserem Text von dem Mann, der von seinen Nachbarn aufgefordert wurde, nach Jerusalem zum Hause des Herrn zu gehen.
Noch einmal wird in der Bibel von genau derselben Aufforderung erzählt. In Johannes 7 heißt es: »Es war nahe der Juden Fest. Da sprachen seine Brüder zu Jesus: Mache dich auf und gehe nach Judäa.« Der Herr Jesus ist dieser Aufforderung gefolgt. Er ging auf das Fest, und dort hat er eines der gewaltigsten und herrlichsten Worte gerufen: »Wen da dürstet, der komme zu mir und trinke.« Ja, der Herr Jesus hat, als er starb, eine Lebensquelle auf-

gerissen, von der wir singen: »Es ist ein Born, / draus heilges Blut / für arme Sünder quillt; / ein Born, der lauter Wunder tut / und jeden Kummer stillt. / Es quillt für mich, dies teure Blut, / das glaub und fasse ich. / Es macht auch meinen Schaden gut; / denn Jesus starb für mich.«

So ist es also: Die Kinder Gottes rufen: »Kommt, lasst uns ins Haus des Herrn gehen und sein Angesicht suchen.« Und der Herr selber ruft: »Komme her zu mir, wen dürstet!« Doppelt also werden wir gerufen und gezogen.

Dass doch unser Herz dem Rufen der Gemeinde Jesu und dem Rufen des Herrn selbst sich ergäbe und das treueste Herz fände, das einst am Kreuz für uns brach, um unsere Schuld zu tilgen und uns zu erkaufen zu Kindern Gottes!

Der tiefe Friede der Seele

Psalm 131,2: Ich habe meine Seele gesetzt und gestillt; so ist meine Seele in mir wie ein entwöhntes Kind bei seiner Mutter.

Das ist eine höchst dramatische Geschichte, die uns hier erzählt wird. Und dabei treten nicht Massen auf, es sind nicht einmal zwei Leute beteiligt. Das ganze Drama spielt sich ab im Herzen eines einzigen Mannes. Es ist eine Kurzgeschichte des Herzens.

Darum werden flache, herzlose Leute, deren geistige Kost ein Schlager ist und die mit den üblichen Massenvergnügungen zu sättigen sind, kein Wort verstehen von dieser seltsamen Geschichte.

Um was handelt es sich?

Hier erzählt David. Ihr kennt doch hoffentlich den David, diesen wundervollen Freund Gottes. Seine Jugend verlebte er als Hirtenknabe auf den Feldern Bethlehems. Dann riss ihn Gott heraus. Nach dem Sieg über Goliath wurde er ein flüchtiger, verfolgter Mann, der jahrelang in den Höhlen und Klüften sich bergen musste, bis er König über Israel wurde.

Er deutet uns die Geschichte nur an: Da ist ein heißes Herz mit großen Sehnsüchten, mit starkem Verlangen. In dem Vers vorher spricht er davon, wie er mit stolzem Herzen und hoffärtigen Augen nach großen Dingen getrachtet habe. Wir spüren den Sturm eines großen Herzens, aus dem es wie ein Vulkan herausbricht. Und auf einmal ist das alles zu Ende. Statt dessen ist ein ganz großer, tiefer Seelenfriede da. Der große Friede, nach dem ein Gewaltiger im Reich des Geistes, Goethe, vergeblich verlangt hat: »Süßer Friede, komm, ach komm in meine Brust!«

1. Es ist weder Resignation noch Altersschwäche

»Ich habe meine Seele gesetzt und gestillt«, sagt David. Ich habe einmal gehört, dass es sehr schwer ist, echte Perlen von geschickten Imitationen zu unterscheiden. Der tiefe Seelenfriede ist solch eine Perle. Auch von dem gibt's Imitationen. Ich möchte euch zwei davon zeigen, um euch vor Verwechslungen zu schützen.

Da ist die Resignation. Ja, wie soll ich dies Fremdwort übersetzen? Der enttäuschte Verzicht auf große Wünsche? In der Nähe meines Elternhauses in Frankfurt stand über der Tür einer entzückenden Villa ein Spruch, der mich als Jungen entsetzt und erschüttert hat. Er hieß: »Ich hab mir vorgenommen / grad durch die Welt zu kommen. / Es wollte mir nicht glücken / ich musst mich oftmals bücken.« Ich fühle noch, wie es mich kalt angeweht hat aus diesem Satz, dies »Ich habe mich abgefunden, dass meine Wünsche zu Bruch gingen.«

O diese schreckliche Resignation! Da denke ich an einen Pfarrer, der mir sagte: »Ich wollte eine Welt erobern. Aber die Menschen sind ja so dumm und stumpf. Jetzt tue ich halt meine Amtsgeschäfte und lebe im Übrigen meinen Liebhabereien.« »Ich habe mich abgefunden!« Ich denke an einen ehrgeizigen jungen Mann, der es weit bringen wollte. Nun hat er sich abgefunden mit einer kleinen Beamtenlaufbahn. O, die Welt ist voll mit solchen Enttäuschten und Resignierten.

»Ich habe mich abgefunden!« Das klingt so ähnlich wie »Ich habe meine Seele gestillt.« Und doch ist es davon so verschieden wie eine Imitation von einer echten Perle.

Eine andere Imitation des Seelenfriedens ist die Arterienverkalkung des Alters. Alte Leute haben keine heißen Herzen und großen Wünsche mehr. Das sieht dann aus wie so eine Art Seelenfrieden, hat aber nichts damit zu tun: »Ich habe meine Seele gesetzt und gestillt.« Ich bin überzeugt, dass der David das als ganz junger Mann gesagt hat, als er wie ein gehetztes Wild in der Wüste sich bergen musste.

Also: Der tiefe Seelenfriede ist weder Resignation noch Altersschwäche.

2. Es ist der völlige Friede mit Gott

David gebraucht ein seltsames Gleichnis: »Meine Seele ist wie ein entwöhntes Kind bei seiner Mutter.« Was meint er damit? Da ist eine Mutter, die ihr Kind selber nährt an ihrer Brust. So ist es natürlich und gut. Solange sie nun ihr Kind allein stillen kann, wird das Baby immer nach der Brust der Mutter gieren, so oft sie es auf den Arm nimmt. Ganz anders aber ist es, wenn das Kind entwöhnt ist. Dann verlangt es nichts mehr von der Mutter. Es ist zufrieden und still, wenn es nur auf dem Schoss der Mutter sitzen darf. So ein entwöhntes Kind in den Armen der Mutter – dies ist David ein wundervolles Bild für tiefen Frieden. So – sagte er – darf ich jetzt ganz still ruhen am Herzen des herrlichen Gottes. Unsre großen Liederdichter haben das Bild aufgenommen. Paul Gerhardt singt: »Denn wie von treuen Müttern / in schweren Ungewittern / die Kindlein hier auf Erden / mit Fleiß bewahret werden – / also auch und nicht minder / lässt Gott ihm seine Kinder, / wenn Not und Trübsal blitzen, / in seinem Schoße sitzen.«

Solch ein Ruhen an Gottes Herzen – solch ein

Sitzen in seinem Schoß – solch ein völliger Friede mit Gott – ja, das ist allerdings etwas anderes als der übliche Glaube an den »Herrgott«. Ich kann sogar alle Wahrheiten des Christentums kennen und glauben und bin doch weit entfernt von solch tiefem Frieden. Denn – und das ist wichtig – dieses Ruhen in Gott hat eine Voraussetzung: Es darf nicht mehr das Geringste zwischen ihm und mir stehen. Gott ist heilig, und er nimmt es genau. Und darum ist es noch nicht einmal genug, dass wir unser Herz und Leben ihm ganz ergeben. Wir brauchen – ja, nun muss ich ein Wort sagen, mit dem der Mensch von heute angeblich nichts anfangen kann, aber ohne das es nicht die Spur von Seelenfrieden gibt – wir brauchen: Vergebung der Sünden durch Jesu Blut.

Ich habe einen Menschen gekannt, genau gekannt, im Alter gekannt, an dem ich diesen tiefen, herrlichen Frieden gesehen habe. Das war meine eigene Mutter.

Von ihr muss ich eine Geschichte erzählen. Es gab eine Stunde, in der sie uns ihr Herz aufgedeckt hat. Das war an ihrem 80. Geburtstag. Wir hatten ihn herrlich gefeiert, viele Kinder und Enkel. Wir hatten sie gerühmt und gepriesen, weil sie eine wundervolle Mutter war. Nun war das Fest zu Ende. »Wir wollen noch ein Lied singen, das Mutter sich wünscht!« sagte mein Bruder. Es wurde still. Wir warteten. Was würde sie sich wünschen? Sicher: »Nun danket alle Gott ...« oder so etwas.

Da sagte sie leise: »Singt mir: Es ist ein Born, / draus heiliges Blut / für arme Sünder quillt ...« Da sangen wir dies Lied von Jesu Kreuz und Blut, das die Vergebung der Sünden rühmt. Und nun wussten wir, woher der tiefe Friede der Mutter kam. Friede mit Gott durch Vergebung der Sünden! Das ist der Friede, um den Goethe bittet und nach dem die ganze Welt sich sehnt.

3. Es ist das Ja-Sagen zu Gottes Führung

»Ich habe meine Seele gesetzt und gestillt«, sagt David, der junge, verfolgte David. Und im Vers vorher erklärt er: »Ich wandle nicht in großen Dingen, die mir zu hoch sind.«

Das heißt ja: Es ist bei ihm das geschehen, was wir in einem Lied hören: »All mein Wunsch und all mein Wille / gehn in Gottes Willen ein.«

Die meisten Menschen sind unglücklich. Sie reiben sich an den Verhältnissen. Wir haben unsre Wünsche und Pläne. Gott führt uns anders. Nun reiben wir uns an unsrer Führung, verbiegen sie, und alles wird schief und verkehrt.

Erlaubt mir, hier einmal ganz persönlich zu sprechen. Es ist mir so ungeheuer wichtig geworden, dass mein Leben nur etwas werden kann, wenn ich unter Gottes Führung stehe. Er hat sicher mit jedem Leben einen Plan. Da war einmal eine Zeit, in der hielt ich einen Wechsel in meinem Leben für angebracht. Ich meinte, zum Jugendpfarrer sei ich doch nun zu alt. Und ich dachte, eigentlich könnte ich mich doch ausstrecken nach einem größeren und bedeutenderen Amt in der Kirche. Ich war unzufrieden und unglücklich.

Innerlich zerrissen ging ich in den Stadtwald. Es war ein trüber Novembertag und kein Mensch weit und breit zu sehen. Da habe ich mit Gott geredet und er mit mir. Das kann man nicht näher schildern. Aber da sagte er mir deutlich: »Ich will von dir gar nichts anderes, als dass du den jungen und alten Menschen in Essen das Evangelium predigst.« Als ich das wusste und von Herzen »Ja« dazu sagte, kam ein ganz unbeschreiblicher Friede in mein Herz.

»So nimm denn meine Hände und führe mich …« Das ist nicht ein sentimentales Lied für die goldene Hochzeit, sondern die Bitte von Menschen, die sich nach Frieden sehnen.

»Ich will nicht mehr ...«

Jeremia 20,9: Da dachte ich: Wohlan, ich will sein nicht mehr gedenken und nicht mehr in seinem Namen predigen. Aber es ward in meinem Herzen wie ein brennendes Feuer, in meinen Gebeinen verschlossen, dass ich's nicht leiden konnte, und wäre schier vergangen.

Kurzgeschichten sind heute die große Mode in der Literatur.

Nun, die besten Kurzgeschichten finde ich in der Bibel. Allerdings sind die ganz anders als die üblichen. Worin liegt eigentlich der Unterschied?

Die üblichen Kurzgeschichten erzählen von dem bunten, wilden Schauplatz der äußeren Welt. Sie halten aus dem wirren Kaleidoskop der Weltgeschehnisse einen Augenblick fest.

Ganz anders die Kurzgeschichten der Bibel. Die Bibel weiß, dass die dramatischsten Ereignisse in einem Menschenherzen vorgehen, das von Gott gerufen wurde.

Dass wir uns recht verstehen! Nur ein Herz, das von Gott gerufen wurde, ist der Schauplatz großer und bedeutungsvoller Dinge. Die andern Herzen sind – nun ja, »wie Schmer« (Ps. 119,70); oder wie ein Jahrmarkt, wo lauter Lärm durcheinander schwirrt; oder wie ein

Luftballon, der von großen Gefühlen aufgeblasen wird; oder wie eine Drehorgel, die immer dieselbe Platte spielt; oder wie ein Friedhof, voller Totengebein.
Aber Herzen, die von Gott gerufen sind, die werden zum Schauplatz bedeutender Ereignisse. Davon erzählt hier Jeremia.

1. Die Anfechtung des Angefochtenen

Wenn ich nur wüsste, ob ihr das Wort »Anfechtung« versteht? Das ist nämlich ein Wort, das sich im Sprachschatz der Welt gar nicht findet. Seht, was ein »Tabellenerster« oder ein »Sechstagefavorit« ist, weiß nur der, der eine Ahnung vom Sport hat. Und was »Anfechtung« ist, weiß nur, wer es mit dem lebendigen Gott zu tun hat. Nur in der Zone Gottes kommt das Wort »Anfechtung« vor. Was ist Anfechtung?
Jeremia war vom Herrn beschlagnahmt worden. Nun gehörte er nicht mehr sich selbst oder der Welt, sondern seinem Heiland. Das ist eine große Sache. »Es ist etwas, des Heilands sein! / Ich dein, o Jesu, und du mein / in Wahrheit sagen können …« Da wird das Herz fröhlich, wenn das klar geworden ist. Die Bibel spricht einmal von königlichen Menschen, die auf den Wegen des Herrn singen. Es ist noch immer so gewesen: Wenn ein Weltmensch

diesen Gesang einer erlösten und versöhnten Seele hörte, dann sagte er: »Ich beneide dich!« »Sie singen auf den Wegen des Herrn.« Ja, aber der Weg ist lang. Und dann kommen die Anfechtungen. Man wollte in der Kraft des Herrn gehen – und erlebt schreckliche Niederlagen. Man entdeckt, dass das eigene Herz wirklich ein böser Abgrund ist, aus dem die gemeinsten Dinge aufsteigen. Und während man noch mit sich zu tun hat, kommen von außen lauter Schwierigkeiten. Da verstummt so langsam das »Singen auf den Wegen des Herrn«.

Und dann bemerkt man, dass man auf diesem Wege unheimlich einsam werden kann. Der Gang wird immer mutloser, das Beten immer matter. Man ahnt nicht, dass jetzt die Hölle den Atem anhält. Denn alle Anfechtung hat es letztlich mit dem Fürsten der Finsternis zu tun, der nicht will, dass ein Mensch aus seinem Bereich ausbricht und als Kind Gottes seine Straße zieht.

Und schließlich – wenn so ein Gotteskind ganz müde und ganz angefochten ist – dann spielt Satan die letzte Karte aus und rät: »Was quälst du dich? Wirf doch das Ganze über Bord. Das Ganze!«

So hier Jeremia: »Ich dachte: Wohlan, ich will sein nicht mehr gedenken!«

Unheimlich! Ein Mann wie der große Jeremia erfährt diese Anfechtung der Angefochtenen: »Ich will sein nicht mehr gedenken. Ich mache Schluss mit dem Christentum. Ich werfe alles über Bord!« So steht's mit Jeremia! Wo wollen *wir* denn bleiben?

2. Der Kompromiss-Vorschlag der Vernunft

Erschütternder Augenblick, als der große Prophet Jeremia sich vornimmt: »Ich will sein nicht mehr gedenken.« Und es ist, als ob er selbst bis ins Innerste erschrickt vor dieser furchtbaren Gefahr.

Und seht, in diesem Augenblick mischt sich seine eigene – ach, so unerleuchtete – Vernunft ein und macht einen Kompromiss-Vorschlag.

Ihr wisst doch, was ein Kompromiss ist? Da streiten sich zwei um ein Stücklein Gartenland. Nachdem sie ihr Geld verprozessiert haben, machen sie einen vernünftigen Kompromiss: Jeder kriegt die Hälfte.

Ein Kompromiss ist immer sehr vernünftig. Nun meldet sich also diese Vernunft auch beim Jeremia und macht einen Kompromissvorschlag:

»Du brauchst ja nicht gleich alles über Bord zu werfen. Es genügt doch auch, wenn du ein gemäßigtes, ein heimliches Christentum führst.«

Im Text heißt es so: »Ich dachte: Wohlan, ich will nicht mehr in seinem Namen reden.« Luther übersetzt »predigen«. Aber da denken wir gleich an Pfarrer und feierliche Ansprachen. Im hebräischen Text steht hier: »Ich will nicht mehr in seinem Namen sprechen.«

Versteht ihr das? Das heißt: Ich habe an der Front gestanden, wo der Einbruch des Reiches Gottes in diese Welt geschehen ist. Diese Stellung an der Front hat mich müde gemacht. Nein! Ich will nicht das ganze Christentum über Bord werfen, aber ich will mich aus der Front lösen. Ich will ein Etappensoldat des Christentums werden.

Da macht man dann Frieden mit Fleisch und Blut. Man macht Frieden mit der Welt. Und weil man nicht recht weiß, wie es um den Frieden mit Gott bestellt ist, hält man Frieden mit dem Pastor, man lädt ihn mal zum Abendessen ein und entdeckt zu seiner Beruhigung, dass der es ja offenbar auch gar nicht so ernst nimmt mit Gott.

Allerdings – die Bibel nimmt man immer seltener zur Hand. Zur Stille kommt man nicht mehr.

So ein Etappenchrist gleicht den Ruinen des Tempels in Jerusalem, als die Römer abzogen: Da war einmal das Opfer gebracht worden. Da

waren einmal die Lobgesänge ertönt. Da hatte man einmal das Bußgebet gehört. Aber nun – ausgebrannte Ruinen!
Solch ein Christ ist wie die Harfe Davids nach seinem Tod. Da lag sie, die so herrliche Lieder begleitet hatte. Nun war sie stumm.
Die Kirche besteht weithin aus Christen dieser Art. Und darum ist der Teufel manchmal sehr zufrieden mit uns.

3. Die große Gnade

Kehren wir noch mal zu der Kurzgeschichte zurück, die Jeremia erzählt: »Ich dachte: Wohlan, ich will sein nicht mehr gedenken, ich will nicht mehr in seinem Namen sprechen. Aber – « ja, nun kommt das seltsame Ende der Geschichte: » – aber es ward in meinem Herzen wie ein brennendes Feuer.« Wörtlich übersetzt geht es nun weiter: »Ich bemühe mich, es auszuhalten.«
Es gibt viele unter uns, die tragen dieses entsetzliche Feuer in ihren Gewissen mit sich herum. Sie wissen genau, dass ihr Leben in Ordnung kommen müsste. Dass der Mann von Golgatha auf sie wartet. Aber sie bemühen sich, dies Feuer auszuhalten – bis es erlöscht. Zu dieser Stelle sagt Calvin so ernst: »Wir müssen darum besorgt sein, dass nicht unsre Trägheit die innere Glut auslöscht.«

Wie erging es Jeremia? »Ich bemühte mich, es auszuhalten, aber ich hielt es nicht aus.«
Wisst ihr, was dann erfolgt? Dann lässt man sich fallen ins Bodenlose – und fällt in die Arme Jesu Christi. Und da hört man ihn sagen: »Fürchte dich nicht, ich habe dich erlöst. Ich habe dich bei deinem Namen gerufen. Du bist mein.« Wir singen im Jugendhaus gern den Vers – und diese Erfahrung wünsche ich uns allen: »Wie lang hab ich müh'voll gerungen, / geseufzt unter Sünde und Schmerz. / Doch als ich mich ihm überlassen, / da strömte sein Fried' in mein Herz ...«

Das Missverständnis gegenüber Gott

Hesekiel 20,1-3: Und es begab sich im siebenten Jahr, am zehnten Tage des fünften Monats, kamen etliche aus den Ältesten Israels, den Herrn zu fragen, und setzten sich vor mir nieder. Da geschah des Herrn Wort zu mir und sprach: Du Menschenkind, sage den Ältesten Israels und sprich zu ihnen: So spricht der Herr, Herr: Seid ihr gekommen, mich zu fragen? So wahr ich lebe, ich will von euch ungefragt sein, spricht der Herr, Herr.

Man sollte es einfach nicht für möglich halten, dass diese Textgeschichte vor 2500 Jahren geschehen ist. Denn das, was uns da berichtet wird, ist unter uns alltäglich.

Um was handelt es sich denn? Um ein Missverständnis.

Die Welt ist voller Missverständnisse. Die meisten haben ja eine komische Seite. Und so ist dafür gesorgt, dass die Welt nicht gar zu trübselig wird.

Aber in unserm Text ist die Rede von einem ungeheuren Missverständnis, das die schwerwiegendsten Folgen hat. Es geht darum, dass wir Menschen unsre Stellung dem lebendigen Gott gegenüber missverstehen.

1. Gott will nicht Anerkennung, sondern Übergabe

Es ist eigentlich eine empörende Geschichte, die unser Text erzählt. Zu dem Propheten Hesekiel kamen eines Tages einige ehrwürdige Männer. Sie gehörten zu den »Ältesten Israels«. Es waren also Leute aus den vornehmen und bekannten Familien, Männer, deren Wort eine Geltung hatte.

Die kamen zu dem Propheten und setzten sich – wie es üblich war – vor ihm nieder. Ehe aber einer mit den üblichen Begrüßungsworten begonnen hatte, fuhr der Prophet sie an: »Seid ihr gekommen, den Herrn zu fragen? Er will von euch ungefragt sein!«

Das sollte sich einmal ein Pfarrer erlauben! Die Leute würden umgehend aus der Kirche austreten.

Der Prophet Hesekiel allerdings hat für sein barsches Wesen einen guten Grund. Nicht er weist diese Ältesten ab, sondern – der Herr selbst. So steht hier: »Es geschah das Wort des Herrn zu mir und sprach: Sage den Ältesten: Ich will von euch ungefragt sein.« Und damit kein Irrtum entsteht, fügt der Prophet noch einmal hinzu: »Das sagt der Herr, Herr.«

Also Gott selbst weist diese Ältesten ab. Das ist ja furchtbar! Wenn das uns geschähe!? Wenn

Gott uns jetzt sagte: »Lass mich in Ruhe! Ich will nichts mehr von dir wissen!«

Warum ist der Herr so hart und unfreundlich? Diese Männer waren doch keine Gottesleugner und Atheisten. Sie glaubten doch an Gott. Sie gingen in die Kirche und erkannten den Propheten Gottes an.

Und doch weist Gott sie ab. Wie sollen wir das verstehen? Ein Beispiel kann es erklären: Als im 30jährigen Krieg der kaiserliche Feldherr Wallenstein Stralsund belagerte, bot diese Stadt Verhandlungen an. Aber die zerschlugen sich. Wallenstein wollte nur eins: die vollständige Übergabe, die Kapitulation der Stadt.

Gott belagert uns auch. Er hat – um im Bild zu bleiben – seltsame Geschütze in Stellung gebracht – Geschütze der Liebe. Er sendet seinen lieben Sohn. Der stirbt für uns und bezahlt all unsre Schuld. Der steht von den Toten auf und lockt uns durch den Heiligen Geist. Gott bombardiert die Herzen mit lauter Liebe und Erlösung.

Und wir? Wir verhandeln: Wir sind bereit, Gott anzuerkennen. Wir sind bereit, für ihn Geld zu opfern. Aber er sagt: »Nein! Ich will eure Kapitulation!«

Seht noch einmal auf die Ältesten Israels, die zu Hesekiel kamen. Diese Leute verweigerten

Gott die völlige Übergabe der Herzen. Darum gab ihnen Gott keine Antwort, keinen Rat, keine Hilfe.

Genauso ergeht es so vielen so genannte Christen heute. Sie wissen nichts von Freude am Herrn, von Erfahrungen mit ihm. Ihr ganzes Glaubensleben kommt nie in Ordnung, weil sie noch nie die weiße Fahne der Kapitulation auf der Zitadelle ihres Herzens aufgezogen haben – vor dem Gott, der in Jesus zu ihnen kommt, – nicht um zu verderben, sondern um sie glücklich und selig zu machen.

2. Gott braucht uns nicht, wir aber brauchen ihn

Der Prophet Hesekiel war ein sehr verachteter, einsamer und von vielen abgelehnter Mann. Nun kommen die vornehmsten Männer zu ihm mit religiösen Fragen. Da könnte man doch erwarten, dass der Prophet sehr glücklich wäre und dächte: »Wie schön! Jetzt fangen die Aktien Gottes an zu steigen!« Ich jedenfalls würde mich sehr freuen, wenn alle führenden Leute der Stadt und der Industrie jetzt hier in unseren Gottesdienst kämen.

Und was geschieht? Der Prophet macht keineswegs eine beglückte Verbeugung. Er teilt vielmehr den erschrockenen und verdutzten Männern mit: »Gott hat euch nichts mehr zu sagen.« Diese Ältesten haben das gar nicht fassen wollen. Und darum hat Hesekiel es ihnen in einer längeren Rede begründet. Diese schließt mit den harten Worten: »So spricht der Herr: Weil ihr mir nicht gehorchen wollt, so fahret hin!«

Deutlicher kann es den Ältesten und uns wirklich nicht gesagt werden: »Bildet euch doch nicht ein, Gott müsste glücklich sein, wenn ihr euch gelegentlich an ihn erinnert. Er braucht uns nicht. Er hat uns nicht nötig! Aber – wir brauchen ihn!«

Der Apostel Paulus stand eines Tages in Athen auf dem Areopag. Rings um ihn in herrlicher Pracht Tempel und Altäre, deren Trümmer die Touristen heute noch entzücken. Und da hat Paulus den heidnischen Philosophen mit schneidender Deutlichkeit gesagt: Eure Götter leben davon, dass der Mensch sie anerkennt. Der lebendige Gott aber bedarf keines Menschen.

Wir aber bedürfen Gottes. Wenn er eine Sekunde einschlafen würde, würde in dieser Sekunde das Weltall zerstieben und vergehen.

Aber nun muss ich euch doch sagen, dass trotz dieser klaren Lage sich im Herzen Gottes ein Wunder ereignet hat – ein Wunder, das er uns geoffenbart hat. Er, der keines Menschen bedarf, freut sich doch, wenn ein Mensch verlangend und aufrichtig zu ihm kommt. Er hat durch seinen Sohn Jesus die Geschichte vom »verlorenen Sohn« erzählen lassen. Ihr kennt sie: Da kommt der verlumpte Sohn nach Hause. Und was tut der Vater? Er schlägt nicht die Haustür zu. Er breitet die Arme aus und nimmt den Sohn an sein Herz.

So breitet Gott die Arme aus. Seht nur auf das Kreuz, wo die Arme Gottes für alle ausgebreitet sind: »Kommt her, Mühselige, ich erquicke euch! Kommt her, Friedelose, ich tröste euch! Kommt her, Sünder, ich wasche euch rein!«

Und wenn nur einer zu ihm kommt, erschallt in den himmlischen Räumen unendlicher Jubel. Jesus sagt: »Es ist Freude im Himmel über einen Sünder, der Buße tut.«

Aber kehren wir zu Hesekiel zurück:

3. Gott will nicht überhebliche Diskussion, sondern kindlichen Gehorsam

Man sieht diese Ältesten geradezu vor sich, wie sie mit etwas Reserve und etwas gnädiger Freundlichkeit sich vor dem Propheten niedersetzen. Sie haben einige Fragen, besser gesagt: Probleme auf dem Herzen. Und sie sind bereit, darüber zu diskutieren.

Wie wir das kennen! Gewiss – wir Menschen

müssen miteinander reden. Und es ist besser, dass man über Gott, das Evangelium und die Stellung des Christen in der Welt diskutiert, als dass man nur über das Wetter spricht. Aber kommen wir nicht allmählich in die Lage der Ältesten: dass uns das Evangelium nur noch zu einem unverbindlichen Diskussionsgegenstand wird? In Männerabenden und auf Jugendtreffen, auf Akademien und kirchlichen Wochen wird diskutiert und diskutiert. Der Wuppertaler Erweckungsprediger G. D. Krummacher saß einst in einem solchen Kreis. Nachdem er lange zugehört hatte, fragte er: »Kennen Sie die Naturgeschichte der Kaninchen?« Allgemeines Erstaunen. Darauf Krummacher: »Sie bohren überall Löcher und bringen es doch zu nichts.«

Den Ältesten Israels hat Gott einfach die Diskussion abgeschnitten. Und als sie erschrocken fragten: »Warum?«, bekamen sie die Antwort: »Brecht mit euren Sünden und werdet mir im Alltag gehorsam!« Ein Leben in der einfältigen Nachfolge Jesu ist mehr als alle unverbindliche Klugheit der Welt. Lasst uns doch Ernst machen mit dem Heiland, der es so ernst mit uns meinte, als er am Kreuz für uns starb!

Ganz anders, als man denkt

Matthäus 9,9: Und da Jesus von dannen ging, sah er einen Menschen am Zoll sitzen, der hieß Matthäus; und sprach zu ihm: Folge mir! Und er stand auf und folgte ihm.

In der biblischen Bildersprache wird die Völkerwelt immer mit einem »Meer« verglichen. Das scheint mir ein ausgezeichnetes Bild zu sein. Wer einmal an der See war, der weiß: Das Meer ist nie ganz ruhig. Auch bei ruhigster See laufen immerzu die Wellen unruhig auf den Sand. So ist die Völkerwelt – voll Unruhe. Man braucht nur in eine Zeitung zu schauen, um zu sehen, wie sehr die Völkerwelt dem Meer gleicht.

Nun ist es nicht meine Aufgabe, darüber viel zu reden. Ich will den Leitartiklern der Zeitungen nicht in ihr Handwerk pfuschen.

Meine Aufgabe aber ist es, euch darauf aufmerksam zu machen, dass es noch eine andere Unruhe in der Welt gibt, eine völlig andere Unruhe. Sie zielt nicht – wie die Völkerunruhe – auf Zerstörung, Mord und Brand. Sie geht vielmehr auf Errettung aus. Ich will euch diese Unruhe mit einem Satz nennen: »Jesus sucht Menschen.« Gott hat die Wand zerschlagen, die ihn von uns trennte, und hat seinen Sohn gesandt. Nun ist der in der Welt und sucht Menschen. Und unsere Kurzgeschichte sagt uns, dass es dabei völlig anders zugeht, als man sich das denkt.

1. Seht nur, was für Leute er sich sucht!

Fragen Sie doch mal irgendeinen durchschnittlichen Normalverbraucher der europäischen Kulturgüter: »Was halten Sie von Jesus?« Sie werden in 99 von 100 Fällen die Antwort bekommen: »Er war ein Religionsstifter.«

Wie maßlos dumm ist dieser Satz! Nehmen wir einmal an, Jesus sei so etwas wie ein Religionsstifter gewesen. An wen hätte er sich dann todsicher gewandt? An die religiösen Leute. Es gab solche haufenweise in Israel zu Jesu Zeit. Aber die haben ihn auf den Tod gehasst. Seltsam!

An wen hat sich Jesus gewandt? »Er sah einen Menschen am Zoll sitzen …« Wir haben von Jugend an gelernt, dass die Zöllner in Israel die gewissenlosesten Menschen waren: Betrüger, Leichtsinnige, Verräter an ihrem Volk und sonst noch alles Mögliche; kurz: Sünder. An solche Sünder wendet sich Jesus – noch heute. Jesus will nicht religiösen Leuten Befriedigung ihrer religiösen Bedürfnisse geben. Er will vielmehr Sünder erretten.

Kürzlich sagte mir ein kluger Mann: »Sie dürfen in Ihren Predigten nicht einfach von ›Sündern‹ reden. Unter solch einem Wort kann sich der Mensch von heute einfach nichts mehr vorstellen.« Darauf kann ich nur antworten: Jesus sucht so lange, bis er einen Menschen findet, der sich unter diesem Wort sehr gut etwas vorstellen kann – nämlich sich selbst.

Sehr eindrücklich erzählte einmal ein Mitarbeiter in unserem Jugendwerk: »Im letzten Sommerlager kam eines Tages ein Junge, von dem ich das nie erwartet hätte, zu mir und sagte verzweifelt: ›Ich halte es nicht mehr aus in meinen Sünden. Hilf mir!‹« Und dann fuhr dieser Mitarbeiter fort: »Wie war ich glücklich, dass ich eine Botschaft für ihn hatte von dem Jesus, der Sünder sucht.«

Es gibt im Neuen Testament eine packende Geschichte. Da geht Jesus durch ein Spalier von neugierigen Leuten. Er sieht einem ins Gesicht. Das Gesicht sagt: »Ich tue recht und scheue niemand.« Jesus geht still weiter. Da steht ein anderer. Jesus sieht ihn an. Das Gesicht sagt: »Ich suche meinen Gott in der Natur.« Jesus geht still weiter. Er schaut den Nächsten an. Dessen Gesicht sagt: »Ich tue meine Pflicht.« Jesus geht weiter. Auf einmal bleibt er stehen. Er hat auf einem niedrigen Baum ein Gesicht erspäht. Das schreit geradezu: »Ich halte es nicht mehr aus in meinen Sünden!« Da sagt Jesus: »Zachäus, steig eilends hernieder. Denn ich muss heute bei dir einkehren.«

Jesus hat einmal von einem guten Hirten gesprochen, der ein Schaf verloren hat. Nun lässt er 99 allein in der Wüste und sucht das eine. So ließ Jesus diese Leute in der Wüste ihrer Selbstgerechtigkeit, ihrer Phrasen – und suchte den Zachäus. Der war ein Kollege des Matthäus in unserer Geschichte.

2. Hört nur seinen seltsamen Ratschlag!

Ich sehe im Geist diesen Matthäus in seiner Zollbude sitzen. Wer beständig in einer klar erkannten Sünde lebt, legt sich allmählich eine äußere Fassade von Frechheit und Sicherheit und Unzugänglichkeit zu. »Ein hoffnungsloser Fall!« hätte jeder Pfarrer geurteilt.

Und da steht nun eines Tages der Herr Jesus vor dieser frechen Physiognomie. Was wird er jetzt tun? Er wird dem jungen Mann einmal sehr deutlich und unverblümt sagen, wie verzweifelt böse dessen Schade ist.

Aber nein! Kein Wort des Vorwurfs kommt aus Jesu Mund. Der Herzenskündiger weiß offenbar, dass ein Sünder sehr unglücklich ist; dass sein Gewissen blutende Wunden hat, die

nicht dadurch geheilt werden, dass man hineinschlägt.
Also – Jesus schilt nicht. Dann wird er doch dem Mann einige gute, zu beherzigende Mahnungen geben? Wenn Jesus ein Religionsstifter war, musste er doch gerade darin ganz groß sein!
Aber nichts von Mahnungen! Nein! Er zeigt etwas anderes: Er zeigt dem Matthäus den Weg aus der Grube. Und der Weg ist – er selbst. »Folge mir nach!«
Ich bekomme oft von höheren Schülern die Frage gestellt: »Warum halten Sie allein das Christentum für die Wahrheit? Der Buddhismus und der Islam sind doch auch gute Religionen.« Als Antwort darauf möchte ich erzählen, was einmal ein Chinese dazu gesagt hat: »Es fiel ein Mann in einen tiefen, leeren Brunnen. Da kam Buddha vorbei. Der Mann rief um Hilfe. Buddha aber sagte: ›O du Armer! Ich will darüber nachsinnen, was dies Unglück zu bedeuten hat.‹ Und ging weiter. – Da kam Mohammed vorbei. Er sah den Unglücklichen und erklärte: ›Das ist eben Kismet, Schicksal.‹ Und ging weiter. Da kam der weise Konfuzius vorbei. Er hörte die Hilferufe und rief in den Brunnen: ›Du hättest aufpassen sollen! Sei das nächste Mal vorsichtiger.‹ Und ging weiter. Da

kam Jesus vorbei. Er sah den Elenden, stieg in den Brunnen hinunter und holte ihn heraus.«
Er selber ist der Helfer und Erretter. Er stieg hinab in die elende Welt, ja in des Todes Rachen am Kreuz. Und nun ist er selber der Heiland der Sünder.
»Folge mir nach!« sagt er zu Matthäus. Sonst nichts! Menschen, die begriffen haben, dass sie Sünder sind und dass darum Gottes gerechtes Gericht über ihnen steht und dass sie der Hölle zueilen, haben keinen anderen Helfer als Jesus. Aber er ist der wirkliche Helfer. Denn 1) will er Sünde wirklich und ganz und gar vergeben, 2) will er herausführen in das Leben der Freiheit, wo man nicht mehr unter bösen Mächten steht, sondern im Licht Gottes.

3. Seht seine herrliche Unbekümmertheit!

»Folge mir nach!« sagt der Heiland zu Matthäus. Und er stand auf und folgte ihm.
Ich habe mich immer gefragt: Was wurde aus dem Zollhäuschen? Da lagen doch Rechnungsbücher! Da lag doch allerhand Geld! Was wurde daraus? »Herr Jesus!« möchte man rufen, »so geht es doch nicht. So gerät ja das ganze römisch-jüdische Zollsystem in Unordnung!« Seht doch Jesu herrliche Unbekümmertheit! »Lass die Toten ihre Toten begraben!« sagt er.

Und überlässt das Zollhäuschen den Spatzen, den Dieben, den – Toten.

Das Ganze ist sehr wichtig. Dem Herrn Jesus ist eine Menschenseele wichtiger als das ganze römische Zollsystem. Dem Sohn Gottes ist der Mensch wichtiger als die Dinge es sind.

Wir führen heute Kriege um Dinge: um Öl, um Kanäle, um Machtpositionen. Und der Mensch? Da zuckt man die Achseln. Die Dinge haben Besitz von uns ergriffen. Und die Menschen gehen darüber zugrunde. Ja, unser eigenes Menschentum geht im wahrsten Sinne des Wortes zum Teufel, wenn wir von den Dingen besessen sind.

Welch ein Heiland ist Jesus! Ihm geht es nur um den Menschen. Und weil er weiß: Uns ist nur geholfen, wenn wir Kinder Gottes werden, darum stirbt er sogar für uns am Kreuz, um uns zu Kindern Gottes zu machen.

So steht er nun vor uns und sagt: »Folge mir nach!« Was werden wir ihm antworten? Möge es doch auch von uns heißen: »Er stand auf und folgte ihm nach.«

Wie uns wirklich geholfen wird

Markus 1,12-13: Und alsbald trieb Jesum der Geist in die Wüste; und er war allda in der Wüste vierzig Tage und ward versucht von dem Satan und war bei den Tieren, und die Engel dienten ihm.

Diese Geschichte macht auf den Menschen von heute einen unheimlichen und phantastischen Eindruck. Was kommt darin alles vor: Dämonen, Tiere, Engel!

Je länger ich aber diese seltsame Geschichte betrachtet habe, desto mehr ging mir auf: Das ist die Geschichte für unsere Zeit und für uns. Die Menschen heute sind so voll Unruhe, so leer, so unbefriedigt, so umgetrieben. Bischof Lilje sagte kürzlich: »Es gibt eine Solidarität heute, die mehr Menschen zusammenschließt als irgendeine Ideologie – das ist die Solidarität der Angst.«

Es scheint, als wenn eine geheime Krankheit an uns zehrte. Und so ist es in der Tat.

Und seht! Darum ist diese Textgeschichte so wichtig. Sie deckt nicht nur unseren Schaden auf. Sie verkündet uns ein herrliches Evangelium. Sie sagt: Wie uns wirklich geholfen wird.

1. Die ganze Wirklichkeit

Welch eine Welt tut sich in unserm Text auf! Eine ganze Stufenleiter wird vor uns aufgezeigt. Ich

zähle sie auf von oben nach unten: Der Heilige Geist – Engel – Mensch – Tiere – Satan.
Was sollen wir davon halten? Sind wir in das Gebiet der Märchen geraten?
Ich bin überzeugt, dass uns hier die Augen geöffnet werden für die wahre Wirklichkeit. Es ist, als würden Vorhänge zurückgeschoben. Und nun sehen wir die Welt, wie sie wirklich ist: Satan und Dämonen, tierisches Wesen in Gier und Triebhaftigkeit – aber auch Engel und Heiliger Geist.
Und der Mensch steht zwischen dem Heiligen Geist und den Dämonen.
Dieses Weltbild verschlägt uns schon ein wenig den Atem. Ich erinnere mich: Gleich nach dem ersten Weltkrieg studierte ich in Tübingen. Da las ein alter Professor im Winter morgens zwischen 7 und 8 Uhr. Es gab weder Licht noch Heizung. So brachte jeder Student ein Kerzlein mit. Das war so traulich und nett – wie Weihnachten. Und nun höre ich im Geist noch seine Stimme in breitem Schwäbisch:
»§ 27: Angelologie oder die Lehre von den Engeln: Engel kommen in allen primitiven Religionsvorstellungen vor. Sie sind in das Gebiet der Mythologie zu verweisen. – § 28: Dämonologie oder die Lehre von den Teufeln. Hier gilt das in § 27 Gesagte. – § 29 …«

Nun, ich glaube dem Wort Gottes und meiner Erfahrung mehr als diesem gelehrten Mann.

Das Weltbild, das unser Text zeigt, erinnert mich an eine unvergessliche Stunde meines Lebens. Ich war ein junger Bursche, als ich zum ersten Mal ein Schlachtfeld im Kriege sah. Das war so unheimlich, weil ich weit und breit keinen Menschen erblickte. Ringsum verlassene Öde. Nur – es knallte von allen Seiten! Es dauerte einige Zeit, bis ich die getarnten Batterien, die Schützenlöcher und verborgenen Stellungen entdeckte.

So ist es mit dieser Welt. Unsere Augen sehen nur die dreidimensionalen Dinge. Aber wir spüren, dass verborgene Mächte am Werke sind. Ja, wir wissen es im Grunde genau, dass es einen Teufel und einen Heiligen Geist gibt. Wir wissen es alle, dass wir zwischen den Dämonen und dem Heiligen Geist stehen.

2. Der Mensch in dieser Wirklichkeit

Unser Text zeigt uns die ganze Wirklichkeit. Und er zeigt uns einen einzelnen Menschen mitten zwischen Engeln und Teufel. Es ist nicht irgendein Mensch. Es ist der Mensch gewordene Gott, Jesus. Im Anfang des Alten Testamentes wird uns der erste Mensch, Adam, in genau derselben Lage gezeigt: Mensch zwischen Gott und dem Teufel. Und nun beginnt das Neue Testament mit eben derselben Situation: Jesus, der in der Bibel der ›zweite Adam‹ genannt wird, zwischen den Dämonen und der Macht Gottes.

Und nun müssen wir darauf achten, wie feierlich klar, wie wundervoll geordnet hier alles ist. Satan ist machtlos. Sein Versuch, diesen Menschen Jesus zum Tier herabzuziehen, ist erfolglos. Mensch bleibt Mensch, und Tier ist Tier. Der Geist Gottes aber bestimmt die Situation. Er leitet und regiert. Und die himmlischen Boten, die Engel, stehen dem Herrn Jesus zum Dienst bereit.

Hier ist alles in Ordnung, in herrlicher Ordnung.

Wie aber war es beim ersten Adam? Da bestimmte Satan die Lage. Er machte den Menschen zum Tier. Kain erschlug den Abel. Hass und Gier und Trieb und Jammer und Leid und Tod brachen wie eine trübe Flut in die Welt. Die Engel stellten sich feindlich gegen die Menschen. Einer von ihnen stand mit dem bloßen Schwert vor dem Paradies. Und der Geist Gottes verließ eine verfluchte Menschheit.

Und wie ist es nun mit uns? Jeder von uns steht ganz für sich allein zwischen dem Geist Gottes und den Dämonen. Wie steht es nun mit uns?

Von Natur sind wir Kinder des ersten Adam. Das heißt: Wir leben in einer fürchterlichen Unordnung von der unsichtbaren Welt her. Die Dämonen haben die Macht. Das tierische Wesen beherrscht uns. Der Geist Gottes ist still weggegangen. Und die Engel Gottes stehen zum Gericht bereit.

Scheint euch das übertrieben? Ich brauche ja nur aufzuzählen, was mir in den letzten Tagen begegnete: Da werden politische Leidenschaften entfesselt, dass Treu und Glaube zum Teufel gehen, da brechen Ehen auseinander, und weinende Kinder bleiben zurück; da nimmt sich einer verzweifelt das Leben; da macht ein junger Bursche einen Überfall und erklärt weinend, er wisse selber nicht, wie er dazu gekommen sei; da kommt ein Mensch in jämmerliche sexuelle Hörigkeit, und dort ergibt sich ein anderer dem Trunk.

Lasst mich aufhören! Es war übertrieben, als ich sagte: Der Mensch steht zwischen dem Teufel und dem Heiligen Geist. Nein! Seit dem Sündenfall ist die Sache längst entschieden. Die Bibel redet von der »Obrigkeit der Finsternis« in dieser Welt. Sie sagt sogar, der Teufel sei »der Gott dieser Welt«. Die Dämonen spielen die Flöte – und der Mensch tanzt dazu.

Das ist der Grund unserer Unruhe. Das ist

unsere Krankheit. Das ist der Mensch in der wirklichen Wirklichkeit.

3. Der Helfer

Man muss sich einmal von allen Täuschungen befreien und die Welt sehen, wie sie ist. Dann geht uns auf, wie überwältigend schön unsere Textgeschichte ist. Hier ist die Ordnung hergestellt: Der Geist Gottes regiert, die Engel dienen dem Sohn Gottes, das tierische Wesen bleibt in der Wüste, und der Teufel hat keine Macht.

So steht diese Kurzgeschichte vor uns in ihrer feierlichen Schönheit. Aber nun hört doch, was sie sagen will! Der Sohn Gottes ist Mensch geworden – nicht nur, um einmal zu zeigen, wie schön die Welt und der Mensch sein sollten! Nein! Er ist ja als Heiland gekommen. Er ist am Kreuz gestorben, um uns aus der Obrigkeit der Finsternis und aus der Gewalt Satans zu befreien. Je mehr wir in die Gewalt des Herrn Jesus kommen, desto mehr kommen wir in diese schöne Ordnung hinein: Der Geist Gottes regiert unser Leben, die Engel müssen uns dienen. Ja, so steht in der Bibel: »Die Engel sind ausgesandt zum Dienst derer, die die Seligkeit ererben sollen.« Das tierische Wesen muss von uns weichen. Und Satan wird machtlos.

Das letzte sage ich fast mit Furcht; denn der Teufel und seine Dämonen hören ja jetzt zu. Und doch muss ich es sagen: Wer im Glauben Jesus gehört, ist »errettet von der Obrigkeit der Finsternis«. Satans Macht beruht ja am meisten darauf, dass wir Handgeld der Sünde von ihm genommen haben und nun schuldig sind. Das böse Gewissen treibt uns immer neu zu ihm.

Aber Jesus schenkt Vergebung der Sünde. Das ist die herrlichste Gabe, die er durch seinen Tod für uns erworben hat. Vergebung aller Sünde! Nichts mehr zwischen Gott und mir! Nun kann der Geist Gottes die Macht ergreifen. Und die Dämonen haben das Spiel verloren.

Ich weiß nicht, ob ihr mich verstanden habt. Aber den Liedervers wird jeder verstehen: »Jesus ist kommen, nun springen die Bande, / Stricke des Todes, die reißen entzwei ...«

Die Bekehrung der Herzen

Johannes 1,35-37: Des andern Tages stand abermals Johannes und zwei seiner Jünger. Und als er sah Jesum wandeln, sprach er: Siehe, das ist Gottes Lamm! Und die zwei Jünger hörten ihn reden und folgten Jesu nach.

Das größte Wunder ist es, wenn ein Mensch sich zum lebendigen Gott bekehrt.

Dass es so etwas gibt! Dass ein Mensch von heute auf morgen die ganze Richtung seines Lebens ändert: Während er vorher nur darauf aus war, Geld zu verdienen, sein Leben zu genießen oder sich einen Namen zu machen, strebt so ein bekehrter Mensch auf einmal nach einem Ziel, das gar nicht im Bereich der sichtbaren Welt liegt.

Während er bisher seinen Weg selbst wählte oder sich nach seiner Umwelt richtete, lässt er sich nun auf einmal von einer unsichtbaren Hand leiten.

Die unerleuchtete Vernunft findet das völlig unbegreiflich. Es ist auch unbegreiflich. Eine Bekehrung zu Gott ist einfach ein Wunder.

Ein moderner Philosoph, Paul Deussen, hat gesagt: »Die Kraft, die imstande wäre, die Umdrehung unseres Planeten aufzuhalten oder herumzuwerfen in die entgegengesetzte

Bahn, müsste wohl eine ganz große kosmische Kraft genannt werden. Und doch ist sie klein im Verhältnis zu der Kraft, die nötig wäre, uns Menschen in unserer selbstischen Umdrehung aufzuhalten und uns herumzuwerfen in die entgegengesetzte Bahn ...«

Nun, diese Kraft, die mehr ist als kosmische Kraft, hat Gott in die Welt gegeben in Jesus Christus. Unser Text erzählt uns von dem Wunder einer Bekehrung.

1. Man entdeckt, dass eine unaktuelle Botschaft höchst wichtig ist

Aktuell nennen wir eine Botschaft, die bei uns einen Nerv trifft, dass sie uns interessiert auffahren lässt. Aktuell wäre zum Beispiel die Nachricht: »In einem Zweijahresplan will das Volkswagenwerk dafür sorgen, dass jede Familie ihren Wagen bekommt.« Aktuell wäre die Botschaft: »Für Hausfrauen wird ab sofort die 40-Stunden-Woche eingeführt.« Oder die Nachricht: »Der Fußballverein Stoppenberg errang die Westdeutsche Fußballmeisterschaft.« So etwas wären aktuelle Botschaften. Aber wie ganz anders ist das, was den beiden Jüngern in unserer Geschichte mitgeteilt wird! Da zeigt einer auf Jesus und sagt: »Siehe, das ist Gottes Lamm!«

Nein! Das ist keine aktuelle Botschaft! Von einem Lamm ist die Rede. Lämmer gehören nicht in unseren Lebensbereich. Ich glaube nicht, dass einer unter uns Schafzüchter ist. Und von Gott ist in der Botschaft die Rede. Du liebe Zeit: Gott!! Der Mensch von heute zuckt die Achseln und sagt: »Über Gott hat man sich Jahrhunderte lang den Kopf zerbrochen. Jetzt sind wir dies Thema müde!«

»Siehe, das ist Gottes Lamm!« Nein! Das ist kein aktuelles Thema.

Und nun heißt es in unserem Text: Zwei Männer hörten diese Botschaft. Das will sagen: Sie fuhren bei dieser Botschaft auf. Sie spitzten die Ohren. Sie fanden diese Botschaft über alles interessant und wichtig.

Und dazu kann ich nur sagen: So fängt das Wunder der Bekehrung an.

Da versteht man sofort ohne lange Erklärung: Hier ist nicht von Schafzucht die Rede, sondern von einem Opferlamm. Man sieht im Geist die Millionen von Opfern, die Menschen dargebracht haben, um Frieden mit Gott zu finden. Man begreift: Hier – in Jesus – ist das letzte, endgültige Opferlamm, das allen religiösen Nöten und Zweifeln ein Ende macht. Hier ist das Opferlamm, das Gott selber gegeben hat. Jesus ist das Opferlamm, das mich wirklich versöhnt. Hier ist Gottes Lamm, das der Welt Sünde wegträgt.

Es gibt eine unheimliche Geschichte in der Bibel. Da kommen viele Menschen zu Jesus. In ihrer Mitte schleppen sie eine junge Frau. »Jesus!« rufen sie, »diese Frau haben wir im Ehebruch ertappt. Nach Gottes Gesetz muss sie gesteinigt werden. Damit bist du doch auch einverstanden?!«

»Ja«, sagt Jesus langsam. »Und wer ohne Sünde ist, der soll den ersten Stein werfen.« Dann bückt er sich und schreibt in den Sand. Als er wieder aufschaut, steht nur noch die Frau da. Alle haben sich weggeschlichen, »von ihrem Gewissen überführt«.

Wie viel Schuld vor Gott liegt doch unter der dünnen Eisdecke unseres Tagesbewusstseins! Wenn diese Eisdecke bricht, dann, ja dann wird uns die Botschaft auf einmal über alles wichtig: »Jesus ist Gottes Lamm, das meine Sünde wegträgt.« Und das Gewissen wird getrost bei der Nachricht: »Er hat unsere Sünden selbst hinaufgetragen mit seinem Leibe an das Kreuz.«

2. Das misstrauische Herz fasst Vertrauen

In unserer Textgeschichte geschieht etwas ganz Großes. Aber es ist nur angedeutet. Wir müssen es zwischen den Zeilen lesen: Zwei Männer fassen Vertrauen zu Jesus!

Das ist das zweite Wunder bei einer Bekehrung. Würden wir etwa unsre Brieftasche oder unser Sparkassenbuch einem Menschen anvertrauen, den wir nur ganz kurz gesehen und mit dem wir nie gesprochen haben? Nein, das würden wir nicht tun.

Und nun kommen in unserer Textgeschichte zwei Männer vor, die nicht nur ihre Brieftasche und ihren Geldbeutel, sondern ihr ganzes Leben dem Mann Jesus anvertrauen. Und dabei hatten sie diesen Jesus nur zweimal gesehen und noch nie mit ihm gesprochen.

Stellt euch vor, wir könnten die zwei Männer fragen: »Wie kommt ihr dazu, diesem Jesus so unerhört zu vertrauen? Ist das nicht zu viel gewagt?« Ich weiß, was sie antworten würden. Denn sie haben uns ihre Antwort aufgeschrieben. Sie lautet: »Wir sahen seine Herrlichkeit, eine Herrlichkeit, wie sie nur der eingeborene Sohn Gottes haben kann – voller Gnade und Wahrheit.«

Das ist genau das, was uns das Neue Testament auf fast jeder Seite berichtet, dass Menschen ein unbändiges Vertrauen zu Jesus fassten.

Ein Petrus sagt zu Jesus: »Wenn du es befiehlst, dann werde ich über das Wasser des

Meeres laufen.« Eine arme, kranke Frau denkt: »Wenn ich nur den Saum seines Gewandes berühre, dann werde ich gesund.« Die Martha ringt sich zu dem Vertrauen durch, dass Jesus ihren toten Bruder erwecken kann. Die so genannte »große Sünderin« wirft sich mit einem Sack voll Sünden zu Jesu Füßen und vertraut, dass er ihn ihr abnimmt. Und der Schächer am Kreuz vertraut, dass Jesus Mörder in den Himmel bringt.

Vielleicht denkt jetzt jemand: Die Leute damals hatten es leichter, dem Herrn Jesus zu vertrauen; denn sie sahen ihn ja vor Augen. Es ist schwer, Vertrauen zu einem zu fassen, den man gar nicht sieht.

Aber das ist ein Irrtum. Die Männer unserer Geschichte sahen nur einen unbehausten, armen Mann, von dem man nicht viel wusste. Wir haben von seinen Taten und von seiner Auferstehung gehört!

Es ist schon so: Zu allen Zeiten ist es ein Wunder, wenn ein Herz Vertrauen zu Jesus fasst. Es ist ein Wunder, weil unser Herz von Natur misstrauisch ist.

Kürzlich machte ich einen Besuch. Als ich geschellt hatte, machte ein Mann die Tür nur einen Spalt breit auf und fragte: »Was wollen Sie denn?« Als ich ihn nachher fragte: »Warum waren Sie so misstrauisch?«, entgegnete er: »Es schenkt einem keiner was.«

Welch ein Wunder, wenn ein Herz vor Jesus aufgeht und glaubt: Du schenkst mir alles, was ich für Leib und Seele, für Zeit und Ewigkeit brauche. Darum darfst du alles von mir fordern.

3. Man tut, was man vorher nicht für möglich gehalten hätte

Da steht ein kleiner, unscheinbarer Satz. Aber er sagt etwas Ungeheures aus: »Sie folgten Jesus nach.« Das ist das Wunder der Bekehrung. Es ist so seltsam: Seit 2000 Jahren hat die Welt ganz große Veränderungen erfahren. Aber immer wieder geschah und geschieht es, dass ein Mensch sich aufmacht, Jesus nachzufolgen. Weltanschauliche und konfessionelle Kämpfe tobten. Aber in all dem Getümmel geschah es: Menschen folgten Jesus nach.

Was bedeutet das denn? Ich will es an einem modernen Bild klar machen: Vorher hat man selber am Steuer seines Autos gesessen. Nun gibt man Jesus das Steuer in die Hand. Zuerst sagt man wohl: »Herr Jesus, ich möchte die und die Straße fahren. Ich bin froh, dass du nun zu mir eingestiegen bist.« »Da will ich nur schnell wieder aussteigen«, sagt Jesus.

»Warum denn?«, fragt man erschrocken zurück. Und er antwortet: »Ich kenne die Straßen besser, die zum Ziel führen. Lass mich fahren, und vertraue dich mir nur an.« – Aber nun geht's noch nicht los. »Was hast du denn da für sinnloses Gepäck? Soll das alles mit? Der fette Schoßhund, dein dickes Ich, das lass nur dahinten. Und so allerlei kleine Sündenköfferchen! Lass sie stehen!«

Da rufst du erschrocken: »Herr Jesus, soll ich ganz arm werden?« »Nein«, sagt er, »bis jetzt warst du arm. Jetzt sollst du reich werden.«

So überlässt man sich ihm, arm und willenlos, und erfährt am Ende: »Aus seiner Fülle haben wir genommen Gnade um Gnade.«

Was die Gegner Jesu sagen

Johannes 7,45-49: Die Knechte kamen zu den Hohenpriestern und Pharisäern; und sie sprachen zu ihnen: Warum habt ihr ihn nicht gebracht? Die Knechte antworteten: Es hat nie ein Mensch also geredet wie dieser Mensch. Da antworteten ihnen die Pharisäer: Seid ihr auch verführt? Glaubt auch irgendein Oberster oder Pharisäer an ihn? Sondern das Volk, das nichts vom Gesetz weiß, ist verflucht.

Während des Krieges musste einer meiner Freunde, ein Berliner Pfarrer, einen General beerdigen. Als er nach der Beerdigung in der S-Bahn zurückfuhr, saßen darin viele der Trauergäste. Sie erkannten den Pastor, der nun seinen Talar ausgezogen hatte, nicht wieder. So konnte der mit Schmunzeln hören, wie seine Rede durchgehechelt wurde. Ein Offizier sagte: »Dat war doch keene Beerdigungsrede! Dat war nischt wie Propaganda für Jesus!« Und der Pastor dachte bei sich: »Das ist ein Lob für mich!«

Propaganda für Jesus! Jede Predigt sollte es sein. Der größte Apostel sagte: »… dass ich nichts unter euch wüsste als allein Jesum, den Gekreuzigten.«

Nun ist allerdings Propaganda meist einseitig. Und gegen einseitige Urteile hat man sich im-

mer schon gewehrt. Die alten Römer sagten: »Audiatur et altera pars« = »Lass auch den Gegner zu Wort kommen!« Und im Deutschen heißt es: »Eines Mannes Rede ist keines Mannes Rede. / Man muss sie hören alle beede.«
Nun gut! Dann wollen wir heute einmal die Gegner Jesu zu Wort kommen lassen. Ich meine jetzt nicht die dummen Schreier, die mit Schlagworten um sich werfen. Ich meine vielmehr kluge, ehrbare, bedeutende Männer.

1. »Jesus ist ein Verführer«

Damals war Jesus auf einem großen Tempelfest in Jerusalem. Weil es um ihn herum allerlei Unruhe gab, wurden Polizisten ausgeschickt, ihn festzunehmen. Seltsamerweise erschienen die nach einiger Zeit ohne Jesus. »Warum bringt ihr ihn nicht?« werden sie angeherrscht. Betreten antworten sie: »Es hat noch nie ein Mensch also geredet wie dieser Jesus.« Sie waren offenbar von Jesus gepackt worden im Gewissen.
Da springen die geistlichen und politischen Führer ihres Volkes auf: »Seid ihr auch verführt?«
Nach ihrer Ansicht ist also Jesus, der Macht hat über Menschenherzen, ein Verführer. Nun, derselben Ansicht waren die römischen Cäsa-

ren, die Inquisitoren des Mittelalters und die bürgerlichen Väter von heute, deren Söhne sich zu Jesus bekehren.

Ist Jesus ein Verführer? Ja, gewiss! Ich las einmal eine Pferdegeschichte. Von einer Koppel in Südamerika ist ein Pferd ausgebrochen und hat sich einer Herde wilder Pferde angeschlossen. Darüber vergeht ein Jahr. Eines Tages reitet der Herr über die Pampa. Er sieht die Herde. Und mittendrin seinen Rappen. Ein Pfiff! Der Rappe spitzt die Ohren. Er erkennt den Ruf seines Herrn. Und dann bricht er aus der Herde aus und trabt zu seinem Herrn.

Alle Bekehrungen zu Jesus haben etwas von diesem Vorgang an sich: Man hört den Ruf dessen, der allein Herr ist, weil er uns mit seinem Blut erkauft hat. Man hört den Ruf und bricht aus der Herde der anderen Menschen aus.

»Er ist verführt!« sagt die Herde. »Es ist etwas in Ordnung gekommen«, sagt der, der zu seinem guten Herrn fand.

Lasst mich ein noch unmöglicheres Bild brauchen: Da ist eine Hammelherde. Ein Mann geht vorbei, lockt eines der Tiere an sich und zieht mit ihm davon. »Verführung!« blökt die Herde. Gewiss! Verführung! Aber wenn man nun weiß, dass die Hammelherde zum Schlachthof

getrieben wird? Und dass der Mann das »verführte« Tier auf eine gute Weide bringt?
So ist Jesu Verführung. Die Menschenherde geht dem entsetzlichen Gericht Gottes entgegen. Jesus aber errettet vom Gericht und »weidet mich auf einer grünen Aue«.
Ja, Jesus ist ein Verführer, der uns wegführt vom Verderben und hineinführt in die Gotteskindschaft. Das ist eine gute und heilsame »Verführung!«

2. »Wer glaubt denn schon an ihn!?«

Die armen Polizisten stehen betreten vor den geistigen Führern ihres Volkes und müssen hören: »Glaubt auch irgendein Oberster oder Pharisäer an ihn?«
Der Hinweis auf »die anderen« ist ein beliebter Propaganda-Trick. »Wasche mit Luhns, / denn viele tun's!« Was »viele« tun, muss ja richtig sein. Oder: Eine Firma macht seit langem für eine Filterzigarette damit Reklame, dass sie die Bilder bedeutender Schriftsteller und anderer berühmter Leute zeigt, welche gerade diese Filterzigarette rauchen. Das heißt – in der Sprache unsres Textes –: »Die Obersten und Pharisäer rauchen die Filterzigarette, also ist die richtig.« Und wenn diese Obersten nicht Jesusjünger werden wollen, dann ist es mit Jesus nichts.

»Glaubt auch einer der Obersten an ihn?« rufen sie höhnisch. Und die Knechte wissen nichts zu antworten. Wir auch nicht. Die »Propaganda für Jesus« kann nicht die Großen und Berühmten ins Feld führen. Schon Paulus hat gesagt: »Nicht viel Weise nach dem Fleisch, nicht viel Gewaltige, nicht viel Edle sind berufen. Sondern das Verachtete und das Unedle vor der Welt hat Gott erwählt.« Wenn ihr diese Stelle im ersten Kapitel des ersten Korintherbriefes nachlest, werdet ihr erstaunt sein über den seltsamen Ton des Paulus. Sein Bedauern gilt nämlich nicht den armen Jesus-Jüngern, sondern den armen »Obersten und Pharisäern«, den armen Edlen und Weisen.

Und der Herr Jesus selbst hat einmal geradezu gesagt: »Ich danke dir, Vater, dass du es den Klugen und Weisen verborgen hast und hast es den Unmündigen geoffenbart.«

»Glaubt auch ein Oberster an ihn?« heißt es voll Hohn hier im Text. Diese Feststellung ist wahr. Sehr wahr. Aber das ist schlimm – nicht für die Gläubigen, sondern für die Obersten. Sie stoßen in ihrem Hochmut ihr ewiges Heil von sich.

Es wird in unsrem Text nicht berichtet, was die Polizisten geantwortet haben. Wahrscheinlich gar nichts. Ich denke mir, es war ihnen eine

Ahnung aufgegangen, dass dies Argument mit den »Klugen und Weisen« hier nichts bedeutete. Bei Jesus-Jüngern zieht dies nicht mehr. Denn Jesus macht sehr frei von Menschenmeinung. Wer an Jesus gläubig wird, der hat die Wahrheit erkannt. Und darum ist es ihm höchst gleichgültig, was die Philosophen und anderen Klugen dieser Welt davon halten. Es macht ihm keinen Eindruck mehr. Er lässt die Blinden reden und freut sich, dass er sehend geworden ist.

3. Ein seltsamer Wutausbruch

Ich sehe die Szene vor mir: Schweigend stehen die Polizisten da. Was diese Obersten schreien, überzeugt sie nicht. Jesus – ein Verführer? Gewiss, aber zum Heil! Die Obersten wollen nichts von ihm wissen? Das ist schlimm für die Obersten!

Vor so viel Verstocktheit überkommt den Hohen Rat eine blinde Wut. Und jetzt überschreit einer alle anderen: »Wer glaubt denn an diesen Jesus? Das Volk, das nichts vom Gesetz Gottes weiß ...« Jetzt muss es doch weitergehen: »... das glaubt an Jesus.« Aber die Wut übermannt den Schreier, dass er völlig unlogisch fortfährt: »... ach, dies dumme, böse Volk ist verflucht!«

Wir verstehen, was er meint: »Dies gesetzlose Volk, das verflucht ist, das sucht Jesus.«

Der arme Mann ahnt nicht, dass er etwas ganz Großes, etwas Herrliches, etwas Wundervolles gesagt hat. Er ahnt nicht, dass er der Wahrheit ganz nahe gekommen ist.

Fragt einmal einen, der von Herzen an Jesus glaubt. Der wird euch sagen: Es ist so! Ich habe Gottes Gesetz mit Füßen getreten. Ich bin selbstsüchtig und unkeusch, und ich liebe die Lüge, und ich bin so lieblos. Das Gesetz Gottes verdammt mich. Und darum bin ich unter Gottes Fluch. Denn Gott nimmt es sehr ernst. Ja, mein Gewissen und das Wort Gottes bezeugen mir, dass Gottes Fluch über meiner natürlichen Art steht.

Aber gerade darum suche ich mit brennendem Herzen den Herrn Jesus. Er ist ja der Einzige, der mich vom Fluch erretten kann. Er ist am Kreuz von Golgatha ein Fluch für mich geworden. Er hat meine Schuld getragen und weggetan. Und er ist mit seinem Geist am Werke, mir Liebe und Reinheit und Wahrhaftigkeit und Selbstlosigkeit zu schenken.

Mag ohne ihn fertig werden, wer will! Ich, der ich Gott erkannt habe, ich kann's nicht mehr. Mögen mich die Selbstgerechten einen elenden Sünder, die Klugen dieser Welt einen verfluchten Narren schelten – durch Jesus bin ich ein Kind des lebendigen Gottes, das durch sein Blut mit Gott versöhnt ist.

Ein bedeutsames Gespräch

Johannes 14,8-9: Philippus spricht zu Jesus: Herr, zeige uns den Vater, so genügt uns. Jesus spricht zu ihm: So lange bin ich bei euch, und du kennst mich nicht, Philippus? Wer mich sieht, der sieht den Vater.

Ich habe mir lange überlegt, ob man diese Kurzgeschichte in einer großen Versammlung auslegen darf. Instinktiv habe ich das Gefühl, dieses Gespräch könne man nur für sich allein lesen. Wenn man zufällig Zeuge wird, wie ein paar ganz gute Freunde sich über die tiefsten Dinge aussprechen, wäre es doch sehr indiskret, dies Gespräch in die Öffentlichkeit zu bringen.

Und hier haben wir ein ganz vertrautes Gespräch des Herrn Jesus mit seinen Jüngern. Es ist kein Fremder mehr dabei. Und es ist dazu ein Gespräch, das unter einer eigenartigen Bedrückung steht: Jesus weiß es, und die Jünger ahnen es, dass Jesus wenige Stunden später verlassen am Kreuz hängen wird. Alles, was in solch einer Stunde gesprochen wird, bekommt einen besonderen Klang. Da öffnen sich die Herzen in besonderer Weise.

Aber nun hat es dem Heiligen Geist gefallen, uns dieses Gespräch in der Bibel mitzuteilen, die aller Welt und besonders der Gemeinde gehört. Darum dürfen wir daran teilhaben. Doch wir müssen uns klar machen: Es handelt sich um etwas höchst Bedeutsames.

1. »Zeige uns den Vater!«

Das »Abendmahl« war zu Ende. Judas war hinausgegangen. Nun beginnt der Herr die wundervolle Rede, die unter dem Namen »Abschiedsrede« in der Gemeinde Jesu eine große Rolle spielt. Da wird er mitten im Satz fast unterbrochen von dem Philippus. Man spürt dessen Worten an, was in ihm vorgeht. Es ist ihm bis zur Qual unerträglich, wie selbstverständlich Jesus von Gott spricht. Gott! – das ist ein großes Problem. Gott! – um den muss man ringen, ohne zur Klarheit zu kommen. Gott! – seine Wege sind so dunkel. Und er ist so unsichtbar und ungreifbar!

Erregt fährt er heraus: »Zeige uns den Vater, so genügt uns.« Der Philippus spricht in diesem Augenblick für Millionen.

»Zeige uns den Vater!« So sagt auch der Unglaube. Wie oft habe ich das anhören müssen aus dem Mund spottender Männer: »Wo soll denn Gott sein? Ich habe ihn noch nie gesehen. Die größten Fernrohre haben ihn nicht entdeckt. Zeigen Sie mir doch Gott!« Ja, so sagt der Unglaube.

Und so spricht auch die brennende Sehnsucht. Im Psalmbuch beginnt ein altes Lied: »Wie der Hirsch schreit nach frischem Wasser, so schreit meine Seele, Gott, nach dir!« Hier ruft ein Mensch, der in große Dunkelheit gekommen ist und der weiß: Wenn ich die Hand Gottes sehen könnte, wäre alles gut. Aber – wo ist er? »Zeige mir den Vater!« Ja, so spricht die unendliche Sehnsucht der Menschenherzen.

»Zeige uns den Vater« So sagen auch die Leute, die gern die Wahrheit wissen möchten. Als junger Hilfsprediger saß ich einmal einem gebildeten Mann gegenüber. Der erklärte mir: »Ich will nichts mehr hören von Gott. Als junger Mann sah ich die vielen Religionen, ich sah streitende Pfarrer. Und dann musste ich fragen: ›Was ist denn nun wirklich? Lebt Gott?‹ Ich bin darüber in solche Verzweiflung gekommen, dass ich (– hier zog er eine Haarsträhne beiseite, die die Stirnseite verdeckte. Ich sah eine gräßliche Narbe –) mir eine Kugel in den Kopf jagen wollte. Jetzt frage ich nicht mehr. Man kann nichts wissen.« Ich sah im Geist den suchenden jungen Mann vor mir, dessen Herz die Wahrheit erkennen will und ruft: »Zeige mir den Vater!«

Ja, als Philippus dies Wort sprach, sprach er im Namen von sehr vielen.

2. »Wer mich sieht, sieht den Vater!«

Die Antwort, die der Herr Jesus dem Philippus gab, sollte die ganze Welt, soweit sie sich nicht das Denken abgewöhnt hat, aufhorchen lassen. Hier ist eine der Stellen, wo das Unerhörte der neutestamentlichen Botschaft recht deutlich wird.

Philippus ärgert sich, dass Jesus so selbstverständlich vom »Vater« spricht. Und er platzt förmlich dazwischen: »Zeige uns den Vater, so genügt uns.« Nun würde unsere Vernunft erwarten, dass Jesus ihm klar macht: Ja, mein lieber Philippus, zeigen kann ich dir den Vater natürlich nicht. Denn er ist unsichtbar. Niemand hat Gott je gesehen. Geh in die Natur, da findest du die Spuren seines Tuns. Horche in dich hinein. Dann fühlst du ihn. – Solch eine Rede würde man doch erwarten.

Aber nichts dergleichen. »Zeige uns den Vater!« sagt Philippus. Und fast fröhlich antwortet Jesus: »Gern! Wenn du nicht so stumpf wärest, hättest du ihn längst gesehen. Sieh mich an – und du siehst den Vater!«

Deutlicher kann Jesus nicht sagen, dass in ihm der wirkliche Gott unter uns getreten ist.

Das also antworten wir dem Unglauben, wenn er höhnend fragt: »Könnt ihr uns denn

Gott zeigen?« – »Ja, sieh Jesus an, da siehst du Gott!« Das wollen wir allen Sehnsüchtigen und Suchenden sagen, welche fragen: »Wo findet man Gott?« Wir rufen allen zu: »Seht doch Jesus an! Da habt ihr den lebendigen Gott!« Seitdem Gott sich in Jesus offenbart hat, sind alle Gottesleugnung und aller Zweifel an Gott nur noch Unwissenheit oder Bosheit.

Ich möchte das, was Jesus hier sagt, an einem simplen Beispiel deutlich machen. Vor einer Haustür unterhalten sich zwei Frauen. Zu ihnen tritt ein Fremder und fragt: »Wohnt hier im Hause Frau Müller?« Die eine Frau zuckt die Achseln und antwortet: »Kenne ich nicht. Ich weiß überhaupt nicht, ob es eine Frau Müller gibt.« Sagt die andere: »Natürlich gibt's 'ne Frau Müller. Aber – ob die hier wohnt, weiß ich nicht.« In dem Augenblick geht die Tür auf. Eine Frau erscheint und erklärt: »Ich höre gerade meinen Namen. Ich bin Frau Müller.« Nicht wahr, in dem Moment ist alles klar. Frau Müller ist kein Diskussionsgegenstand mehr, weil sie selber erschienen ist.

So ist der lebendige Gott kein Problem und kein Diskussionsgegenstand mehr; denn er ist selber erschienen – in Jesus. »Wer mich sieht, der sieht den Vater.«

Vielleicht wendet jetzt jemand ein: »Nun, da-

von hatten die Jünger etwas; denn die sahen Jesus. Wir sehen aber auch ihn nicht.«
Darauf antworte ich: Das ist das Wunderbare und Eigenartige und Göttliche am Neuen Testament: Wenn ein Mensch mit hungrigem und aufrichtigem Herzen darin liest, dann sieht er den Herrn Jesus. Und dann sieht er den Vater. Wie häufig kritisiert ein Gelehrter nörgelnd am Neuen Testament herum und – merkt nichts. Aber da liest einer mit hungriger Seele und – sieht Jesus. Und – wer ihn sieht, sieht den Vater.

3. »Vater«

Vielleicht habe ich bisher den Philippus doch noch nicht ganz richtig geschildert. Wir kennen ihn aus der Bibel und wissen, dass er ein einfacher, gläubiger Mensch war. Er hat sicher keinen Augenblick an Gott gezweifelt. Im Gegenteil! Er kannte nur zu gut Gottes strenge Heiligkeit. Und darum hatte er Angst vor Gott. Bei ihm hieß es wie bei David: »Meine Sünde ist immer vor mir.« Es ging ihm, wie es dem jungen Luther ging. Als er Gott erkannte, lernte er ihn fürchten. Wer das nicht durchgemacht hat, hat keine Ahnung von Gott, »der Leib und Seele verderben kann in die Hölle«. Und nun hört der Philippus Jesus immer vom

»Vater« reden. Das war für das erweckte und unruhige Gewissen des Jüngers eine unerhörte Sache. »Jesus!« wendet er ein, »du sagst jetzt gar nicht mehr ›Gott‹. Du sagst immer ›Vater‹. O, wie muss das herrlich sein, keine Angst mehr vor Gott zu haben! Wie muss das schön sein, sagen zu können: ›Abba, lieber Vater!‹«

Es sind auch unter uns Leute, deren Herz schreit nach Frieden mit Gott! Leute, die nichts lieber möchten, als Kinder des lebendigen Gottes sein. Die Verstehen den Aufschrei des Philippus:: »Zeige uns Gott als *Vater!*«

Ihnen allen antwortet Jesus: »Wer mich sieht, sieht den Vater.« Der sieht die ganze Liebe Gottes. Der versteht den 103. Psalm: »Wie sich ein Vater über Kinder erbarmt, so erbarmt sich der Herr über die, so Angst vor ihm haben.«

Auf Jesus dürfen wir sehen – und wir sehen die ausgebreiteten Arme des Vaters – für uns offen. Sieh Jesus am Kreuz – und du siehst, dass sich Gott über dich erbarmt, wie sich ein Vater über Kinder erbarmt.

Ich habe mich nie um die Schularbeiten meiner Kinder gekümmert. Aber als ich einst eins weinen sah, sagte ich sofort: »Ich will dir helfen.« So sagen Väter. So sagt Gott, der Vater – und gibt seinen Sohn ans Kreuz. Hier wird uns herrlich geholfen.

Große Männer mit kleinen Herzen

Apostelgeschichte 8,2: Es bestatteten aber Stephanus gottesfürchtige Männer und hielten eine große Klage über ihn.

Ist denn das nun ein Text für eine Predigt? Da kommt ja Gott überhaupt nicht vor! Und der Name des Herrn Jesus auch nicht! Gegen eine solche Textwahl sollte man doch Einspruch erheben.

Nun, die Bibel will ein Doppeltes: Sie will uns das Tun des lebendigen Gottes zeigen. Sie will uns aber auch unser eigenes Herz aufdecken. Vielleicht hilft dieser Text manch einem, dass er sich selbst ein wenig kennen lernt.

Gewiss denken jetzt viele von uns: »Mich selbst kenne ich doch!« Bitte, sagt das nicht so schnell! Nichts ist uns unbekannter als unser eigenes Herz. Die alten griechischen Philosophen haben das als geradezu quälend empfunden. Darum mahnten sie die Menschen: »Erkenne dich selbst!«

Es gibt auf der ganzen Erde nichts, was uns unser eigenes Herz so deutlich zeigt wie die Bibel. Sie ist ein ungetrübter Spiegel, in dem wir uns erkennen können.

In unserem Text finden wir große Männer mit kleinen Herzen.

1. Eine bewundernswerte Tat

Durch die Gassen Jerusalems raste die Christenverfolgung. Die führenden Männer hatten die Besinnung verloren, und der Mob war mobilisiert. Ich kann mir vorstellen, wie es dabei zuging. Im Jahre 1933 sah ich einmal einen Menschenhaufen durch die Straßen jagen, Männer mit Knüppeln in den Händen und Mord in den Augen, Frauen mit glasigen Augen und schreiende Halbstarke. Ich hielt einen an: »Was gibt's«? Da brüllte er: »Da vorn ist ein Kommunist!«

So war's in Jerusalem. »Da ist ein Christ!« brüllte man. »Schlagt ihn tot, den Hund!« *Vor* unserm Text heißt es: »Es erhob sich eine große Verfolgung über die Gemeinde. Und sie zerstreuten sich alle in die Länder ...« Und *hinter* unserm Text wird berichtet: »Saulus aber verstörte die Gemeinde, ging in die Häuser und zog hervor Männer und Weiber ...«

Und draußen vor den Toren lag verlassen die zerschmetterte Leiche des jungen Stephanus, den die Wut des Volkes gesteinigt hatte.

Da nun geschieht das Erstaunliche: »Es bestatteten aber den Stephanus gottesfürchtige Männer ...« Diese Männer also waren nicht Christen. Die Christen waren längst geflohen oder tot. Nein! Es waren fromme, aufrechte Männer aus Israel. Es waren Männer, die Gott ernst nahmen.

Diese Männer waren nicht dem unheimlichen Fanatismus verfallen. Wie gefährlich sind doch die Massen! Vom Winde bewegt werden sie dahingetrieben und kämpfen blindlings gegen irgend etwas. Schiller sagte: »Gefährlich ist's, den Leu zu wecken, / Verderblich ist des Tigers Zahn. / Jedoch der schrecklichste der Schrecken, / Das ist der Mensch in seinem Wahn.«

Sehen wir uns vor: Oft werden wir mitgetrieben und merken es gar nicht. Ich hörte einmal das nette Verschen: »Seitdem bei Schiller ist zu lesen: / ›Verstand ist stets bei Wen'gen nur gewesen‹, / Glaubt die Menge wahnbetört, / Dass sie zur Minderheit gehört.«

Seht doch diese ernsten Männer, die den Stephanus begraben. Sie haben sich in Gottesfurcht freigehalten vom ansteckenden Fanatismus. Und ihre Gottesfurcht macht sie mutig. Die feierliche Beerdigung des Stephanus ist ein Protest gegen die Masse und gegen die Obrigkeit: »Ihr tut, was nicht recht ist vor Gott.«

Was für wertvolle, aufrechte Männer waren das! Sie hätten ja denken können: »Wir sind keine Christen. Was geht uns der tote Stepha-

nus an!« Weil sie gottesfürchtig waren, sagten sie vielmehr: »Man muss tapfer tun, was recht ist.« Und so gingen sie unter den finsteren Blicken der wütenden Menge vor das Tor und holten die Leiche des Stephanus.
Wie hätten wir uns verhalten? Leben auch wir in dieser Gottesfurcht, die frei macht von Menschenfurcht?

2. Und doch – kleine Herzen!

Es fällt mir schwer, diese großartigen, innerlich freien Männer zu kritisieren. Und doch muss ich es tun.
Sie mussten kleine Herzen haben, wenn ihnen überhaupt nichts davon aufgegangen war, wie durch den Tod des Stephanus der starke Ruf des Evangeliums zu ihnen kam. Man kann doch solch einen Mann nicht begraben, ohne dass man sein Ende ansieht. Wie war denn das? Das ganze Sterben war eine unerhörte Evangeliumspredigt. All das Neue, das mit dem Evangelium in die Welt gekommen ist, wurde hier offenbar.
Mit dem Namen »Jesus« auf den Lippen war Stephanus gestorben. Und während die tobende Masse ihre Steine auf ihn schleuderte, hatte er niedersinkend sie geliebt – jawohl – geliebt, und hatte für sie gebetet. Sterbend hatte

er gerufen: »Ich sehe den Himmel offen und Jesus zur Rechten Gottes stehen.« Von einem offenen Himmel wussten diese wackeren Männer nichts. Sie wandelten in Gottesfurcht; aber Gottes errettende Liebe in Jesus kannten sie nicht.
Nun trugen sie finster und tapfer die Leiche des Stephanus davon. Aber von dem herrlichen Evangelium merkten sie nicht eine Spur.
Sie blieben in der Furcht Gottes. Aber von der Gnade und der Liebe Gottes in Jesus sahen sie nichts. Sie sahen nichts von der Erlösung durch den Gekreuzigten. Sie trugen die Leiche eines Zeugen davon und blieben doch unberührt von seinem Zeugnis.
Wie kümmerlich klein ist doch so ein Herz! Da hören wir: »Seht, welch eine Liebe hat uns der Vater erzeigt, dass wir Gottes Kinder sollen heißen!« – und wir finden diese Botschaft unaktuell und langweilig. Da hören wir: »Jesus Christus ist gekommen in die Welt, die Sünder zu erretten« – wir aber gähnen innerlich und denken: »Wenn ich nur das Geld hätte, mir einen schönen Wagen zu kaufen.« Da hören wir: »So sehr hat Gott die Welt geliebt, dass er seinen eingeborenen Sohn gab« – und wir denken heimlich: »Der Pastor sollte lieber mal über die steigenden Lebensmittel-Preise predigen.«
O unsere engen Herzen!

Wie kommt das eigentlich, dass diese Männer, die den Stephanus begruben, so vermauert waren gegen das herrliche Evangelium? Woran liegt das – auch bei uns?

Das bleibt so lange so, als unser Herz unzerbrochen ist. Solange wir das Leben als einen kleinen Spaziergang ansehen, – solange wir das Wort ›Sünde‹ als komisch empfinden, – solange wir nichts merken von der Schrecklichkeit Gottes, bleibt unser Herz klein. Aber es kann zerbrechen – an der Gewalt des Lebens, an der Grausamkeit des Todes, an der Erkenntnis unserer Schuld, an der Wirklichkeit Gottes. Und dann – ja, dann hören wir das Evangelium: »Der Herr ist nahe den zerbrochenen Herzen.«

3. Eine unpassende Trauerfeier

»… und hielten eine große Klage über ihn.« Wirklich, eine Beerdigung mit allem, was dazugehört: Klageweiber und Jammer und Tränen! So etwas versteht man im Orient großartig aufzuziehen.

Noch einmal muss ich den Mut dieser wackeren Männer bewundern. In diesem Augenblick, wo der Fanatismus gegen die Christen rauchte, hätten sie allen Grund gehabt, die Sache möglichst geräuschlos zu machen. Aber – nichts da!

Diese gottesfürchtigen Männer kannten keine Menschenfurcht. Herrlich ist das!

Und doch! Sie machen es noch einmal peinlich klar, dass sie nicht eine Spur gehört haben von dem, was der sterbende Stephanus bezeugt hatte. Seht, in der ersten Christenheit bekannte man: »Jesus sitzt zur Rechten Gottes.« Stephanus aber hatte im Sterben gerufen: »Ich sehe den Himmel offen und Jesus zur Rechten Gottes stehen.« Das heißt: »Jetzt holt er mich heim.«

Hier wurde ein Mann begraben, der eine gewisse Hoffnung des ewigen Lebens hatte und der mit seinem ganzen Leben seinen Heiland verherrlicht hatte. Was war denn da zu klagen? Sie aber »machten eine große Klage«. Verständnislose blinde Welt!

So großartig diese Männer waren, ich möchte es nicht mit ihnen halten, sondern lieber mit dem Stephanus. Ich möchte beten wie jener Liederdichter: »Schenk gleich Stephanus uns Frieden mitten in der Angst der Welt, / wenn das Los, das uns beschieden, in den schwersten Kampf uns stellt. / In dem rasenden Getümmel schenk uns Glaubensheiterkeit, / Öffn' im Sterben uns den Himmel, zeig uns Jesu Herrlichkeit.«

Die ersten Christen

Apostelgeschichte 8,3-4: Saulus aber verstörte die Gemeinde, ging hin und her in die Häuser und zog hervor Männer und Weiber und überantwortete sie ins Gefängnis. Die nun zerstreut waren, gingen um und predigten das Wort.

Manchmal packt mich die riesengroße Sorge, ob wir nicht alle miteinander hier ein Theater aufführen; ob wir nicht einfach nur ein wenig Christentum spielen; ob unser ganzer Christenstand nicht nur ein Schaum ist.

Ist auch nur bei einem Einzigen das Leben geändert worden? Haben wir auch nur eine einzige Sünde wirklich abgelegt? Sind unsere Verhältnisse wirklich neu geworden durch den, der gesagt hat: »Ich mache alles neu«? Reicht unser Christenstand wirklich aus, um selig zu werden, wenn der Tod uns heute überfallen sollte? Wo kommt auch nur ein Einziger von uns aus aller Unruhe zu strahlender Gewissheit?

Immer wieder geht mein Blick in die erste Christenheit, von der uns die Bibel erzählt. Da war alles so anders als bei uns. Da waren Geist, Leben und Kraft.

Lasst uns auch heute morgen diese ersten Christen ansehen. Und dabei wollen wir uns fragen, ob unser Christenstand wenigstens schon Ansätze zeigt, dem ihrigen ähnlich zu werden.

1. Sie waren nicht zu entwurzeln

In Jerusalem ging es damals wild zu: Der junge Schriftgelehrte Saulus hatte eine fanatische Verfolgung gegen die täglich wachsende Gemeinde der Jesus-Jünger entfesselt. Der Pöbel hatte seine Sensation, die Fanatiker hatten ihre Opfer. Und das alles im Namen Gottes! Da starben jung bekehrte Christen, die Gefängnisse füllten sich.

Die Christen flohen aus Jerusalem und zerstreuten sich in die Lande. Überall tauchten diese armen Flüchtlinge auf. Entwurzelte Menschen, von Haus und Herd gerissen.

Wirklich? Waren sie das: entwurzelte Menschen? Um diese Frage geht es mir jetzt.

Es ist ja heute viel davon die Rede, dass der moderne Mensch entwurzelt sei. Wir denken an die Flüchtlinge. Wir denken an uns Großstadtleute. Unsre Väter sangen: »Im schönsten Wiesengrunde / ist meiner Heimat Haus ...« Das kann man nicht singen, wenn man mit zehn anderen Familien in einem Haus wohnt an einer Straße, durch die der Verkehrsstrom fließt.

Wenn wir nun diese ersten Christen ansehen, die als arme Flüchtlinge durchs Land gingen, dann machen sie uns gar nicht den Eindruck von entwurzelten Leuten. Das wenige, was uns berichtet wird, zeigt uns etwas ganz anderes. Wenn wir einen dieser Leute treffen könnten und würden ihn anreden: »Du armer, entwurzelter Mensch!« – dann würde er lächelnd abwehren: »Entwurzelt? Keineswegs! Wir haben die Wurzeln unseres Lebens nicht in unserem Besitz oder in einem ›schönen Wiesengrund‹, sondern im lebendigen Gott, mit dem wir durch Jesus versöhnt sind. Und aus diesem Wurzelgrund kann uns kein Mensch reißen. Wer will uns scheiden von der Liebe Gottes?!« So würden diese Emigranten, diese ersten Christen, gesagt haben.

Ich las in diesen Tagen ein Gedicht von dem Arbeiterdichter Fritz Woike, das mich bewegte. Da heißt es: »Die stolz von Gott sich trennen, / sind welke Blätter nur; / ob viele sie auch nennen, / verweht doch ihre Spur. / Sie sind vom Baum gerissen, / der alles Leben trägt. / Ihr Herz in Finsternissen / vor Furcht und Fragen schlägt.«

Wer aber durch Jesus, durch Vergebung der Sünden Frieden mit Gott hat, der hat ewigen Wurzelgrund. Kögel sagt in einem Gedicht:

»Das Vaterhaus ist immer nah, / wie wechselnd auch die Lose. / Es ist das Kreuz von Golgatha, / Heimat für Heimatlose.«
Und nun müssen wir uns die Frage vorlegen: Bin ich so in Gott gewurzelt? Es geht jetzt nicht darum, ob wir glauben, dass Gott da sei. Wenn ein Blatt denken könnte, dann hätte es auch eine Erinnerung an den Baum, wenn es im Herbst abfällt. Und es ist doch abgerissen. Es ist ein Unterschied, ob ich am Herzen Gottes zu Hause bin oder ob ich nur von ihm weiß.

2. Sie waren nicht zum Schweigen zu bringen

»Die aber zerstreut waren, gingen um und predigten das Wort.« Der König Salomo hat einmal gesagt: »Wes das Herz voll ist, des geht der Mund über.« Wo das Herz voll Schmutz ist, geht der Mund von Zoten über. Und wo das Herz mit Krach und Streit erfüllt ist, muss man überall von den bösen Gegnern reden. Und wo das Herz voll Freude an Jesus ist, geht der Mund über vom Zeugnis von ihm.
Waren diese Christen nicht eigentlich unangenehme und aufdringliche Leute, dass sie immer und überall von Jesus sprachen? Ich mache viele Besuche. Und dann sage ich gern den Leuten auch ein Bibelwort. Da empfinde ich oft: Das ist ihnen peinlich. Einer hat es mir ein-

mal klar gesagt: »Von religiösen Dingen kann man doch nicht in der Wohnküche sprechen. Das sind doch subtile Dinge.«

Ja, so denken wir armseligen christlichen Abendländer, die nur noch einen dünnen Aufguss vom biblischen Christenstand kennen und kaum eine Ahnung haben von der Geistesfülle der ersten Christenheit.

Dabei hätten die unter uns, die nur eine Ahnung haben von dem, was Jesus für verlorene Sünder am Kreuz getan hat, allen Grund, den Mund aufzumachen und der Welt Jesus zu bezeugen. Denn heute ist es so, dass der Welt der Mund übergeht von ihrem Jammer, ihrer Schuld und ihrer Ratlosigkeit. Wer ein wenig Ahnung hat von der modernen Literatur, der weiß, dass sie eigentlich nur noch reden kann von der Verlorenheit und Gnadenbedürftigkeit des Menschen. Eines der bekanntesten Bücher von Graham Greene schließt mit den Worten: »In der spärlichen Julisonne schritt sie rasch dahin – dem furchtbarsten Grauen entgegen.«

Als ich mich in Gedanken mit dieser Predigt beschäftigte, ging ich über eine Straße der Innenstadt und fragte mich, ob es wohl wahr sei, dass direkt hinter diesen großstädtischen Gesichtern, die an mir vorübereilten, diese Abgründe seien. Da hielt mich ein Mann an, den ich nur wenig kenne. Ich begrüßte ihn oberflächlich. Da brach es aus ihm heraus – mitten auf der Straße: »Ach, diese innere Unruhe! Sollte man nicht was tun für sein Seelenheil? Aber – wo ist Gewissheit?« Mir war, als wenn diese verzweifelte Stimme die Stimme der Straße sei, die um Hilfe schrie.

Sollten da die Christen nicht von Jesus reden? Und dass bei ihm Vergebung der Sünden ist? Und Gewissheit?

Die ersten Christen haben es getan – in aller Einfalt. Und wir? Die Bibel spricht in ihrer brutalen Realistik einmal von »stummen Hunden«, die stumm sind, wo sie Laut geben sollten.

3. Sie hatten andere Wertmaßstäbe als die Umwelt

»Die nun zerstreut waren ...« Ja, du liebe Zeit! Warum ließen denn diese Christen der ersten Zeit Haus und Gut im Stich um Jesu willen? Ist denn so etwas nicht verrückt?

Bei meinen Hausbesuchen sagte mir kürzlich ein Vater: »Es ist ja ganz schön, dass mein Junge in Ihren Jugendkreis geht. Aber – ich habe Sorge, dass er es übertreibt. Wissen Sie: Zuerst kommen doch Beruf und Geldverdienen.

Dann kann er sich ja immer noch um Religion kümmern. Da habe ich dann nichts dagegen.«
Seht, da war es klar ausgesprochen, wie die Reihenfolge der Werte geht: Erst kommt die Stellung in der Welt. Und dann ›die Religion‹. Das ist ein klares und vernünftiges Denken.
Wie anders ist es bei diesen ersten Christen! Sie sagen: »Für uns geht die Reihenfolge anders. Vor allem sind wir durch Jesus Gottes Kinder. Als solche wollen wir in der Welt unseren Platz ausfüllen. Wenn aber die Welt die Jesus-Jünger nicht erträgt, dann – ja, dann wollen wir lieber alles, wirklich alles verlassen um Jesu willen.«
Es kann sein, dass solche Proben an uns noch kommen. Wie werden wir dann entscheiden? Genau so, wie wir es jetzt und heute halten!
Wir singen wohl mit Begeisterung: »Ein feste Burg ist unser Gott … Nehmen sie den Leib, / Gut, Ehr, Kind und Weib / lass fahren dahin …« Aber – wer meint es wirklich so? Wir spielen Christentum.
Wer das sieht, kann nur zu Gott schreien: »Gib uns den Geist der ersten Zeugen!«

Die Suchaktion Gottes

Apostelgeschichte 11,25-26: Barnabas aber zog aus gen Tarsus, Saulus wieder zu suchen; und da er ihn fand, führte er ihn gen Antiochien.

Vor einiger Zeit sind bei einer militärischen Übung 15 junge Soldaten in der Iller ertrunken. Das Unheimliche war, dass man fast vierzehn Tage brauchte, um die Leichen zu finden.

Ich habe mir oft diese große Suchaktion vorgestellt. Wie man da den Flussgrund absucht, die Wehre abkämmt, das Uferschilf durchforscht. Man sucht Tote. Wozu? Um sie zu begraben. Eine grausige, unheimliche Sache!

Als ich das las, musste ich an eine andere, noch viel umfassendere Suchaktion denken: an Gottes Suchaktion. Gott sucht auch beharrlich Tote. Aber nicht, um sie zu begraben, sondern um sie lebendig zu machen. Diese Suchaktion Gottes ist eine herrliche und große Sache. Unser Text führt mitten in das Suchen Gottes.

1. Der Tote wird gesucht

Der Mann, um den es hier geht, heißt Saulus. Das heißt »der Erbetene«. Später, als er gefunden war, kam dem Manne dieser Name zu protzig vor. Da nannte er sich »Paulus«. Das heißt »der Geringe«.

Hier heißt es: »Barnabas zog aus, Saulus wieder zu suchen.« Er war also schon einmal gesucht worden. Und davon müssen wir zuerst sprechen.

Saulus war als junger Mann tot für Gott. So wie viele von uns tot sind für Gott. Ihr dürft nicht denken, dass dieser Saulus regungslos war wie ein leiblicher Toter. Nein! Er war sehr aktiv. Aber die ganze Aktivität ging in einer falschen Richtung. Das ist erschreckend: Man kann sehr viel Wichtiges tun. Und doch – die ganze Richtung ist vor Gott verkehrt.

Ihr dürft auch nicht denken, dass der junge Saul gottlos gewesen sei. Im Gegenteil!

Und nun muss ich etwas sehr Schweres sagen: Er war tot für Gott, weil er ganz und gar unzerbrochen war. Seht, mit dem lebendigen Gott sind wir nur in Ordnung, wenn wir uns verloren gegeben und Gnade gefunden haben. Diese Gnade wird uns in Jesus angeboten.

Ich weiß – ich weiß! Hier schaltet der moderne Mensch ab und sagt: Ein Verbrecher muss begnadigt werden. Ich bin doch kein Verbrecher! Doch! Doch! Du bist vor Gott des ewigen Todes schuldig! Es ist erschreckend, wenn einem das aufgeht. Das ist das notwendige Zerbrechen. Und es ist beglückend, wenn man dann in Jesus Gnade findet.

Als junger Soldat lag ich einst ganz allein auf ungedecktem Feld. Eine riesige Granate heulte auf mich zu. Genau auf mich zu! Ich presste das Gesicht in den Boden. Sie heulte heran. Ich gab mich verloren. Und dann – fuhr sie über mich weg und explodierte dahinten. Ich durfte leben!
So sah ich einst Gottes Gericht auf mich zukommen. Ich habe es verdient. Ich bin verloren! Und da fuhr das Gericht dahinten auf Golgatha in den Sohn Gottes am Kreuz. Und ich darf leben. Seitdem bin ich begnadigt.
Nur wer begnadigt ist, gehört Gott richtig. Es gibt eine ergreifende Geschichte aus den schwäbischen Bauernkriegen: Hoch zu Ross hält der Herzog Ulrich, um dem Gericht über die Bauern beizuwohnen. Jetzt wird der Pfeifer von Hardt zum Richtblock geführt. Schon hebt der Henker das Beil. Da winkt der Herzog: »Lasst den Mann frei!« Begnadigt! Der Pfeifer fällt dem Herzog zu Füßen: »Mein Leben gehört dir!« Und es ist großartig, wie der Mann nun dem Herzog dient und endlich im Kampf an der Köngener Brücke für ihn stirbt.
Im Grunde ist das die Geschichte der Christen. Wenn man sie fragt: »Warum gehörst du Jesus an?« Dann antworten sie: »Durch ihn fand ich Gnade.«

Kehren wir zu Saulus zurück. Der hasste die Gnade. Und darum verfolgte er die Christen. Aber Gottes Suchaktion fand ihn bei Damaskus. Sie warf ihn zu Boden und begnadigte ihn. Seitdem gehörte er Jesus an.

Gottes Suchaktion geht weiter bis heute. Er sucht Menschen, um sie zu begnadigen. Die ganze Bibel zeigt diese Suchaktion. Schon im Anfang hörten wir Gottes Ruf: »Adam, wo bist du?« Gott sucht. Es ist ein hingebendes Suchen. Er sendet den Sohn. Der sagt: Ich bin ein Hirte, der verlorene Schafe sucht, um sie durch Gnade lebendig zu machen.

2. Der Ersterbende wird gesucht

So war Saulus von Gottes Suchaktion schon einmal gefunden worden. Er hatte seine Verlorenheit erkannt, hatte Gnade in Jesus gefunden und war lebendig geworden für Gott.

Aber dieses Leben kann wieder ersterben. Das wissen viele von uns nur zu gut. Bei Saulus ging das so zu:

Nach seiner Bekehrung hielt er sich zu den Jesus-Jüngern. Aber die trauten dem früheren Verfolger nicht recht. Der Saulus hatte doch ihre Brüder in Gefängnis und Tod gebracht. Das vergisst man nicht so schnell.

Da zog sich Paulus zurück in seine Heimatstadt, nach Tarsus. Das ist eine alltägliche Geschichte. Man will wohl ein Christ sein. Doch die Christen gefallen einem nicht. Man findet eine Menge Fehler an ihnen. Man besucht da oder dort einen Kreis und erklärt am Ende: »Da ist doch nichts los!« Bei den einen ist's zu oberflächlich, bei den anderen zu langweilig. Die leitenden Brüder taugen auch nichts. So will man zwar ein Jesus-Jünger sein. Aber – man bleibt für sich. So war's schon bei Saulus. Doch – so erstirbt das Leben aus Gott. Es ist ein sehr wichtiges Bibelwort: »Wir wissen, dass wir vom Tode zum Leben gekommen sind; denn wir lieben die Brüder.« Wo das nicht der Fall ist, beginnt schon der geistliche Tod. Wer sich von den Brüdern und Schwestern trennt, stirbt ab. Saulus war also in großer innerer Gefahr.

Da geht Gottes Suchaktion wieder los. Er bewegt den Barnabas. »Barnabas aber zog aus nach Tarsus, Saulus wieder zu suchen.« Das ist eine gesegnete Gemeinde Jesu, wo es solche Barnabasse gibt, die Gott zu seiner Suchaktion einsetzen kann. Wer von uns ist dazu bereit? Lasst euch vom Herrn die Saulusse zeigen, die ihr suchen sollt!

Ich habe mir die Szene in Tarsus oft so ausgemalt: »Was willst du?« Barnabas: »Komm!

Die Brüder rufen nach dir.« Saulus winkt ab: »Lass mich in Ruhe! Einmal und nicht wieder!« Jetzt wird Barnabas ernst: »Eine Kohle, die allein liegt, verglüht schnell. Aber mit den anderen zusammen hält die Glut lange.« Saulus stutzt: Der Barnabas hat Recht. Das hat er selbst schon gemerkt. Nun fährt Barnabas fort: »Was tust du für Jesus? Nichts! Das ist zu wenig. Der König will unsere Hilfe.«

Da ringt es lange in Saulus. Schließlich reicht er dem Barnabas die Hand: »Ich komme mit.« Wieder einmal hat Gottes Suchaktion einen Menschen gefunden. Nun sucht sie uns.

3. Der Gesuchte wird ein Sucher

Im Text steht: »Barnabas führte Saulus nach Antiochien.« Und dann heißt es weiter: »Und sie lehrten viel Volks.« Also der Saulus tat mit. Und das war nur der Anfang seiner Arbeit für Jesus. Wie ist dieser Saulus, den Gott zweimal gesucht hat, in Gottes Auftrag ein Sucher geworden! Er hat den Erdkreis durchzogen, um Gottes Suchaktion weiterzutragen.

Und nun muss ich fragen – nein, Gott fragt dich: An welcher Stelle dieser Geschichte stehst du? Das müssen wir wissen: Gott gibt keine Ruhe, bis wir selber Sucher für ihn geworden sind.

Vor kurzem sah ich in einer englischen Zeitschrift ein Bild aus Jamaika: Ein junger Weißer im Gespräch mit einem Farbigen. Thema: Erlösung durch Jesus. Unter dem Bild steht knapp und kurz: Am Ende steigen sie miteinander in das Auto des Weißen. Und dort findet der farbige junge Mann den Herrn Jesus als seinen Heiland. Das ist die wahre Kirche: Ein junger Mann sucht den anderen und führt ihn zu Jesus.

In diesen Tagen hat mich etwas sehr bewegt. Da stand in der Zeitung: »Der bekannte Schriftsteller Alfred Döblin ist gestorben. In seinen letzten Lebensjahren wurde er ein überzeugter Christ.« So die Zeitung.

Da fiel mir ein: In einem seiner schrecklichen Romane, die in der Berliner Unterwelt spielen, »Berlin Alexanderplatz«, findet sich eine seltsame Szene: Ein Mädchen zeigt ihrem Freund ein Traktat, das sie bekommen hat. »Das habe ich angestrichen«, sagt sie. Der junge Mann liest: »Man kann nicht allein gehen. Geh mit Jesus!« Und keiner spottet, auch der Schriftsteller nicht. Man hat fast das Gefühl: Hier liegt ein eigenes Erlebnis zugrunde. Es erschütterte ihn offenbar, dass es Menschen gibt, die in Berlins Unterwelt Menschen suchen. »Er starb als überzeugter Christ«, sagt die Zeitung.

Gott sucht uns. Und er will uns brauchen.

Eine Schreckensnachricht – und wie die Gemeinde reagiert

Apostelgeschichte 11,28-30a: In der Gemeinde in Antiochia stand ein Prophet mit Namen Agabus auf und deutete durch den Geist eine große Teuerung, die da kommen sollte über den ganzen Kreis der Erde; welche geschah unter dem Kaiser Klaudius. Aber unter den Jüngern beschloß ein jeglicher, nach dem er vermochte, zu senden eine Handreichung den Brüdern, die in Judäa wohnten; wie sie denn auch taten.

In irgendeinem Fragebogen stieß ich kürzlich wieder einmal auf die Frage: »Welcher Religionsgemeinschaft gehören Sie an?« Was ist das eigentlich, »Religionsgemeinschaft«?

Die meisten Leute werden antworten: »Das ist eine sehr nebulose Angelegenheit, der man aber anstandshalber angehört. Sie ist eine Sache, die einen viel Geld kostet. Dafür sorgt sie allerdings für eine anständige Beerdigung. Ansonsten ist sie ein notwendiges Übel wie Finanzamt und Polizei.«

Habe ich nicht Recht? Gewiss würden die meisten so antworten. Es drückt mir das Herz ab, dass das herrliche Evangelium der Bibel in diese trostlose Rubrik geraten ist. Immer wieder muss ich hineinsehen in das Neue Testament, wo uns die urchristliche Gemeinde gezeigt wird. Nein – die war keine »Religionsgemeinschaft«! Sie war eine Schöpfung Gottes, etwas ganz Neues und nie Dagewesenes. Sie war etwas, was die Weltstaunen machte und sie zugleich aufregte.

Gott schenke uns wieder eine lebendige Gemeinde Jesu Christi! Unser heutiger Text zeigt uns die Gemeinde in einer besonderen Lage.

1. Die verblüffende Nüchternheit

Die Leute haben viele Schlagworte, mit denen sie sich das Evangelium vom Leibe halten. Ich habe mich allmählich daran gewöhnt. Nur eines macht mich zornig, nämlich der Satz: »Man muss doch mit beiden Beinen auf dem Boden stehen!«

Als wenn das die Welt je getan hätte! Immerzu wiegt sie sich in Träumen, dass alles herrlich und schön wird, wenn – ja wenn ... Lasst mich so ein paar Träume nennen, die ich miterlebt habe: Alles wird gut, wenn erst der technische Fortschritt überall hingekommen ist – wenn der Hitler an die Macht kommt – wenn die klassenlose Gesellschaft endlich erreicht ist – wenn die bösen Bolschewisten endlich erledigt sind ...

Trösten wir uns: Es war immer so! Unsere

Textgeschichte spielt zur römischen Kaiserzeit. Vom Kaiser Augustus meißelte man solchen »Traum« auf einen Stein, der uns erhalten ist: »Die Vorsehung hat diesen Mann zum Heile der Menschen mit solchen Gaben erfüllt, dass sie ihn uns und allen kommenden Geschlechtern als Heiland gesandt hat; aller Fehde wird er ein Ende machen und alles herrlich ausgestalten.« Jeder neue Kaiser wurde mit ähnlichen Erwartungen begrüßt.

Und da kommt nun so ein elender Jesus-Jünger Agabus und unkt von einer riesigen Hungersnot. So ein Miesmacher! Hungersnot – wo doch das römische Reich eine gewaltige Wirtschaftseinheit war! Wo doch der göttliche Kaiser für alle sorgte!

Nun, als der Agabus seine Botschaft von der kommenden Hungersnot sagte, haben die Christen nicht gelacht oder wütend protestiert. Sie hatten keinen Anteil mehr an den Wunschträumen der Welt. Wer nämlich in der Bibel zu Hause ist, wird sehr nüchtern. Der steht mit beiden Beinen auf dem Boden. Er weiß, dass wir in einer gefallenen Welt leben, die durch den Sündenfall zerrüttet ist. Er weiß, dass es einen Teufel gibt und dass eine Welt, die sich gegen Gott behaupten will, niemals ohne Leid und Tränen sein wird. Die Jesus-Jünger in Antiochia wussten das. Darum glaubten sie nicht den Ideologien der römischen Kaiser, sondern der Botschaft des Agabus.

Sie brachen aber auch nicht in Verzweiflung und Jammer aus, obwohl eine Hungersnot immer etwas Furchtbares ist. Sie blieben gelassen; denn sie wussten: Durch den Glauben an Jesus sind wir Kinder Gottes. Nun kann uns nichts geschehen, als was er hat ersehen. Sie sahen vor sich ein dunkles Tal. Aber sie glaubten: »Und ob ich schon wanderte im finsteren Tal, fürchte ich kein Unglück, denn du bist bei mir.« Und sie schauten durch die kommende Not hindurch auf den Himmel, von dem es heißt: »Es wird sie nicht mehr hungern noch dürsten.«

Wenn wir Christen von heute doch auch so nüchtern und gelassen in den Stürmen der Zeit stünden!

Nun wendet ihr vielleicht ein: »Das war aber doch eine sehr passive Haltung.« Hört weiter zu, es ist ja noch gar nicht alles gesagt.

2. Die erstaunliche Reaktion

Nun kommen wir zur eigentlichen Pointe unserer Geschichte. Stellt euch bitte vor, wir bekämen gewisse Nachricht: »Eine Hungersnot ist im Anzug!« Was wäre unsre erste Reaktion, unsre selbstverständliche Reaktion? Hamstern! Hamstern!! Vorräte eintun. Eine Stelle auf dem Lande annehmen!

Und wie war die allererste, geradezu selbstverständliche Reaktion der ersten Christen? »Jetzt müssen wir für unsre Brüder in Jerusalem Sorge tragen. Denn die werden es schwer haben, weil sie arm sind und weil Judäa ein armes Land ist.« Ihre erste Reaktion auf die Botschaft von der Hungersnot war also: »Die andern! Die Brüder!« Achten wir darauf: Dieser Gedanke kam ihnen nicht allmählich – so nach dem ersten Schrecken. Nein! Der war ihre erste Reaktion auf die furchtbare Botschaft. »Die andern! Die Brüder!«

Merkt doch, wie mit der Gemeinde Jesu etwas ganz Neues, bisher nie Dagewesenes in die Welt gekommen ist: durch Jesus, den Sohn Gottes. Die Bibel hat uns im Philipperbrief einen Blick aufgetan in das Herz des gewaltigen Gottessohnes. Da heißt es: Er hielt seine Herrlichkeit beim Vater nicht fest wie einen Raub. Sein ganzes Herz dachte nur: Die andern! Meine Menschenbrüder! Darum kam er arm und niedrig zu uns; darum ließ er sich an das Kreuz schlagen; darum sucht sein Herz beständig unser Herz. Er sagte selbst einmal: »Ich bin nicht gekommen, dass ich mir dienen

lasse, sondern dass ich diene und gebe mein Leben zur Bezahlung für viele.«
Jesus ist das völlige Aufgeben aller Selbstsucht. »Dabei kommt man unter die Räder!« wendet unser Herz ein. Jawohl, Jesus »kam dabei unter die Räder«, an das Kreuz!
Und nun lebte er in den Herzen seiner Jünger in Antiochia und regierte ihren Geist, dass sie ihm erstaunlich ähnlich wurden. Und als der Agabus sagte: »Es kommt eine Hungersnot!«, ist ihre Reaktion nicht: »Rette sich, wer kann!« sondern: »Wir wollen unsre Brüder retten!«
Ich muss es ganz deutlich machen: Als die Jünger in Antiochia die Botschaft von der kommenden Hungersnot erhielten, sagten sie nicht: »Jetzt muss die Kirchenleitung ein Hilfswerk organisieren!« oder: »Wir müssen den Staat mobilisieren!« Wie hieß es hier? »Ein jeglicher beschloss, eine Hilfe zu senden, nachdem er vermochte.«
Wir könnten spotten: Damit ist aber nicht viel geholfen. Darauf würden diese Jesus-Jünger antworten: »Die Größe der Dunkelheit kann mich nicht hindern, meine kleine Kerze anzuzünden.«

3. Und wir Christen von heute?

Wir wollen doch ehrlich sein: Keiner von uns

würde so reagiert haben wie diese ersten Christen. Und da wird also ganz deutlich, dass wir ein kraftloses und tausendfach verwässertes Christentum haben. Die erste Christenheit hat die Welt aus den Angeln gehoben. Wir heben gar nichts aus den Angeln. Wir sind eine »Religionsgemeinschaft« geworden, die dem Dreck der Welt die religiöse Weihe gibt.

Nun meine ich so: Wenn wir schon Christen sein wollen, dann sollten wir es wirklich und ganz und voll Heiligen Geistes sein. »Ein halber Christ ist ein ganzer Unsinn«, hat mal jemand gesagt.

Also müssen wir uns ändern. Ja, wenn wir das nur könnten! Den Menschen möchte ich sehen, der sich selbst ändern kann, der aus seinem Tigerherzen ein Jesus ähnliches Herz machen kann.

Das kann nur er, der gesagt hat: »Siehe, ich mache alles neu.«

Wenn also jemand entdeckt hat, wie viel ihm fehlt, dann bleibt ihm nur eins übrig: Eine neue und völlige Auslieferung an Jesus.

Kürzlich besuchte uns in unserem Jugendkreis ein Reverend aus Ceylon. Er sagte: »Wenn ich eine Geige in die Hand nehme, kann ich darauf nur jämmerliche Töne hervorbringen. Wenn aber ein Künstler sie spielt, klingt es herrlich.

So ist es mit unserem Leben. Solange wir es selbst spielen, ist es erbärmlich. Gebt es dem großen Meister Jesus in die Hand. Er wird eine wundervolle Melodie darauf spielen.«
Ja, lasst uns eine neue Hingabe vollziehen!

Sterbensweg der Jesus-Jünger

Apostelgeschichte 12,1-2: Um diese Zeit legte der König Herodes die Hände an etliche von der Gemeinde, sie zu peinigen. Er tötete aber Jakobus, den Bruder des Johannes, mit dem Schwert.

Das ist eine furchtbare und blutige Geschichte, aus der sich nachher allerlei aufregende Begebnisse entwickelt haben.

Aber sie steht so in ihrer furchtbaren Tragik als eine in sich geschlossene Kurzgeschichte da: Diese dunkle Geschichte von einem König, der mit Menschenleben leichtsinnig spielt, von den namenlosen und unbekannten Christen, die unter der Folter sterben, und von dem bedeutenden Apostel, der zum Ergötzen des rohen Volkes öffentlich hingerichtet wird.

Man kann die Achseln zucken und sagen: »Mach doch keinen Lärm um diese alte Geschichte! Wie viel ist seitdem mit Menschenleben gespielt worden! Wie sind Menschen gefoltert und getötet worden! Da lohnt es doch nicht, diese alte Episode aufzuwärmen.«

Wer so spricht, hat die Geschichte nicht begriffen. Hier soll uns etwas Wichtiges gezeigt werden. Seht, in den Kapiteln vorher wird uns in überwältigender Weise der Siegeszug des Evangeliums berichtet. Und dann folgt auf einmal – fast zum Erschrecken – diese Kurzgeschichte von Sterben und Tod. Sie will uns sagen vom Sterbensweg der Jesus-Jünger.

1. Jesus-Jünger sind in jeder Hinsicht in der Gewalt Jesu

Wie das hier nebeneinander steht: »etliche von der Gemeinde« und dann »Jakobus, der Bruder des Johannes«! Jakobus war einer der drei Jünger, die Jesus besonders herausgehoben hat. Er war mit auf dem Berg der Verklärung. Er hat in Gethsemane das Gebetsringen Jesu gesehen. Also ein Mann, fortgeschritten im Glauben, ein Mann, zu Großem berufen. Und daneben »etliche von der Gemeinde« – unbekannte Christen, jung und unerfahren im Glauben, unbekannt in der Welt, doch Gott wohl bekannt.

Eins hatten diese unbekannten Christen und der Apostel gemeinsam: Jesus war ihnen so viel wert, dass sie willig für ihn starben.

Jesus hatte ihr Herz überwältigt, dass er ihnen mehr galt als das leibliche Leben.

Es war ihnen über alles andere wichtig, dass der Sohn Gottes aus der anderen Welt gekommen ist; dass er den verborgenen Gott offenbart hat; dass es durch ihn Vergebung der Sünden gibt; dass hier ein Opfer dargebracht wird, das uns wirklich mit Gott versöhnt; dass Jesus eine gewisse Hoffnung des ewigen Lebens gibt – ja, das war ihnen so wichtig, dass sie lieber ihr Leben ließen auf der Folter, als auf all dieses zu verzichten.

Und nun fragen uns diese Märtyrer: »Steht es bei euch auch so? Euer ganzer Christenstand ist keine zwei Pfennig wert, wenn ihr nicht so denkt. Dann habt ihr nämlich noch keine Ahnung von der Offenbarung Gottes und von seinem Heil. Dann kennt ihr den Herrn Jesus noch gar nicht. Denn wer ihn kennt, ist bereit, für ihn zu sterben!« – So fragen uns diese Märtyrer. Was wollen wir antworten?!

Ich sagte: Sie waren überwältigt von Jesus. Nicht nur so, dass er ihnen über alles lieb war. Sondern auch so, dass sie von ihm lernten. Was denn lernten? Dies: Bereit sein zum Leiden! Ich will das erklären:

Der Herr Jesus ließ sich peinigen. Aber nie hat er jemand gepeinigt. Wir sind anders. Wir sind immer aktive Peiniger. Wie können Kinder ihre Lehrer peinigen, oder Eltern ihre Kinder! Und umgekehrt! Wir peinigen einander meist aus Gedankenlosigkeit. Wie können Nachbarn einander peinigen durch unbedachten Lärm! Wie können Ehegatten einander peinigen bis aufs Blut! Regierungen peinigen Völker. Das

Verkehrschaos ist ein Beispiel, wie unser Egoismus peinigt. Jesus-Jünger lernen von ihrem Meister: Sie wandeln vorsichtig, um andere nicht zu peinigen. Aber sie sind bereit – wie die Christen in unserem Text – sich peinigen zu lassen – wie Jesus tat.

Jesus-Jünger sind beständig in der Schule Jesu. Sein Wesen ist ihnen so groß, dass sie immerzu von ihm lernen wollen. Aber damit sind wir schon beim zweiten:

2. Jesus-Jünger wissen, dass es immer um Sterben geht

Jetzt habe ich etwas Schweres und Wichtiges zu sagen. Aber es ist so schwer, dass ich Sorge haben muss, dass eure Vernunft unwillig wird und ihr im Zuhören abschaltet. Und doch muss ich es sagen, wenn ich – wie Paulus einst erklärte – euch den ganzen Rat Gottes mitteilen will.

Diese Leute in unserem Text fingen mit dem Sterben um Jesu willen nicht erst an, als der König Herodes sie verhaften ließ. Sie hatten es schon vorher täglich geübt.

Wer das Neue Testament – und auch das Alte – aufmerksam liest, der entdeckt, dass da beständig die Rede ist von einem »In-den-Tod-Geben« der natürlichen Art. Ehe ein Mensch in die Gewalt des Herrn Jesus kommt, hat er ein großes Wohlgefallen an sich selber. Er findet an sich höchstens kleine Fehlerchen, die aber weit wettgemacht werden durch unendliche Tugenden.

Kaum jedoch kommt man zu Jesus, so entdeckt man, dass die eigene Art in keiner Weise zu Jesus passt. So ging es dem Petrus bei dem wunderbaren Fischzug. Da erklärte er dem Herrn Jesus erschüttert: »Gehe von mir hinaus, ich bin ein sündiger Mensch!« Das hieß: Wir beide passen nicht zusammen. – Nun ist der Herr nicht von ihm gegangen. Er hat dem Petrus vielmehr gezeigt: Du darfst deine böse Natur in den Tod geben, damit ich immer mehr in dir Gestalt gewinne.

Der Herr Jesus ist auf diesem Weg vorangegangen. Er ist nicht erst am Kreuz gestorben. Das Sterben fing bereits an, als ihm vom Teufel auf dem Berg der Versuchung die ganze Welt angeboten wurde. Da hat er sein Wünschen in den Tod gegeben und ist dem Vater gehorsam geworden. Was für ein Sterben mag das gewesen sein! Und dann ging sein Sterben weiter in Gethsemane. Da hat er in heißem Kampf sein Fleisch und Blut in den Tod gegeben und alles Gott geschenkt.

Und nun gilt es für wirkliche Jesus-Jünger, dass sie in seiner Nachfolge dasselbe lernen.

Ich muss noch einmal die schöne Geschichte erzählen von dem Gründer der evangelischen Studentenarbeit, dem Grafen Pückler. Er war alt geworden. Und in einer erregten Besprechung forderten junge Leute ihn auf, endlich abzutreten. Dabei sind die jungen Heißsporne nicht sanft mit ihm umgegangen. Paul Humburg erzählte später, der Graf habe einen eigenartigen Ausdruck im Gesicht gehabt. Und als Humburg ihn nachher fragte, was er denn gedacht habe, da antwortete der Graf: »Ich habe unablässig gebetet: ›Herr Jesus, halte die Nägel fest‹!« Wie wundervoll! Seine alte Natur wollte aufspringen und auf den Tisch hauen. Aber er gab sie mit Jesus ans Kreuz. Allein wurde er nicht fertig. Darum dies seltsame Gebet: »Herr Jesus, halte die Nägel fest! Lass mit dir gekreuzigt sein, was dein Reich nicht kann ererben!«

Was Leben aus Gott ist, habe ich am meisten bei den pietistischen Bauern auf der Schwäbischen Alb gelernt. Da vergeht kaum eine »Stunde«, in der nicht gesagt wird: »Gib deine Natur mit Jesus in den Tod!«

Es wende nun keiner ein, davon stehe nichts in unserem Text. Gerade dies war die Voraussetzung dafür, dass diese Leute willig auch den leiblichen Tod für Jesus starben.

3. Die Kehrseite des Sterbenswegs

Nun möchte ich am liebsten die Predigt noch einmal von vorne anfangen und euch zeigen: Wie herrlich muss der Herr Jesus sein, dass Menschen bereit sind, geistliches und leibliches Sterben auf sich zu nehmen! Man kann dies ja nur als Verrücktheit bezeichnen, wenn man das nicht immer als Hintergrund sieht: Jesus ist so herrlich, dass vor ihm dies Sterben gering wird.

Das ist viel gesagt. Wie steht hier? »Herodes legte die Hände an etliche von der Gemeinde, sie zu peinigen.« Wie viel Not, wie viel Tränen, welcher Jammer, wie großes Leid stehen dahinter! Was wurde doch durchgelitten in den Folterkammern des Herodes!

Aber nun muss ich euch die Kehrseite dieser schrecklichen und blutigen Geschichte zeigen. Sie steht in dem letzten Buch der Bibel. Da sieht der Seher im Geist die neue, zukünftige, ewige Welt: »Siehe da, das Zelt Gottes bei den Menschen! Und Gott wird abwischen alle Tränen von ihren Augen. Und der Tod wird nicht mehr sein, noch Leid, noch Geschrei, noch Schmerz. Wer überwindet, der wird es alles ererben …«

Unsere Väter sagten: »Um einen ew'gen Kranz / dies arme Leben ganz!«

Wie wird mein einziges Leben ein gesegnetes Leben?

Apostelgeschichte 16,9-10: Und Paulus erschien ein Gesicht bei der Nacht; das war ein Mann aus Mazedonien, der stand und bat ihn und sprach: Komm herüber nach Mazedonien und hilf uns! Als er aber das Gesicht gesehen hatte, da trachteten wir alsobald, zu reisen nach Mazedonien, gewiss, dass uns der Herr dahin berufen hätte, ihnen das Evangelium zu predigen.

Je älter ich werde, desto wichtiger wird mir eine ganz einfache Tatsache: Wir haben nur ein einziges Leben. Und dieses einzige Leben bewegt sich – um ein geläufiges Bild zu brauchen – auf einer Einbahnstraße. Wenn ich einen Tag verpfuscht habe, kann ich den Wagen meines Lebens nicht umkehren und dann die Strecke noch einmal fahren. Das geht nicht.

Wie viel kommt also darauf an, dass ich mein Leben richtig lebe! Aber – was ist denn nun »richtig«?

Sicher sind wir nicht auf der Welt, um möglichst viel Amüsement zu haben. Sicher auch nicht, um nur zu arbeiten. Sicher nicht, um viel Geld zu verdienen oder einen guten Job zu haben.

Wir haben nur ein einziges Leben. Was machen wir damit?

In der Bibel gibt es ein seltsames Wort, das im allgemeinen Sprachgebrauch fast gar nicht vorkommt. Es heißt »Segen«. Gott sagt zu Abraham: »Ich will dich segnen, und du sollst ein Segen sein.« Ich bin überzeugt: Hier wird uns die Richtung gewiesen, wie wir unser Leben recht anwenden. So fragen wir: Wie wird mein einziges Leben ein gesegnetes Leben?

1. Wir müssen richtig geführt sein

Im Mittelpunkt unserer Textgeschichte steht der Apostel Paulus. Jeder wird zugeben, dass dieser Mann ein gesegnetes Leben gehabt hat. Wir können also von ihm lernen.

Wir sehen den Paulus in einer weltgeschichtlichen Stunde. Er fährt hinüber nach Europa. Zum ersten Mal kommt das Evangelium nach diesem Erdteil. Der erste Schritt zu einem christlichen Abendland ist getan. Ohne diesen Schritt des Paulus gäbe es keine Kathedralen, keinen Albrecht Dürer und keinen Joh. Seb. Bach. Ohne diesen Entschluss des Paulus säßen wir nicht heute morgen hier zusammen.

Und nun ist es hoch bedeutsam: Dieser Entschluss wurde nicht in einer Sitzung kleinasiatischer Kirchenräte gefasst. Lukas erzählt vielmehr: »Wir reisten, gewiss, dass *der Herr* uns dahin berufen hätte.« Paulus zog nach Europa – nicht auf Grund kluger Erwägungen, sondern vom Herrn Jesus gerufen. Oder – wie Luther einmal von sich sagte – »gestoßen wie ein blinder Gaul.«

So etwas Großes gibt es im Leben der Kinder Gottes: Eine klare Führung durch den Herrn selbst. Und nun müssen wir sagen: Nur ein Leben, das so geführt wird, kann wirklich gesegnet sein. Wer wollte das nicht haben?!

Dazu müssen allerdings einige Voraussetzungen erfüllt sein. Die wichtigste ist die: Paulus war mit Gott versöhnt durch das Blut Jesu Christi. Es sage jetzt nur keiner: »Das ist unverständliche Sprache Kanaans.« Das ist die Voraussetzung zu einem gesegneten Leben: dass man nach Hause kommt wie der verlorene Sohn. Und die Tür, durch die man eingeht, ist das Kreuz Jesu. Wer sich führen lassen will von der verborgenen Hand, muss zuvor in diese Hand gefallen sein.

Die zweite Voraussetzung heißt: Stille. Lasst uns sehen, wie Paulus geführt wurde von der verborgenen Hand. Er kommt nach Troas an die kleinasiatische Küste. Dort weiß er nicht recht, wie sein Weg weitergehen soll. Da wartet er still. In der Stille der Nacht zeigt ihm der Herr einen Europäer, der ihn notvoll ruft. Wir dürfen nicht meinen, das sei ein Traum gewesen. Alles spricht dafür, dass Paulus hellwach war. Ein wundervolles Bild: Dieser betende Mann in der Stille der Nacht, dem der Herr antwortet. Das ist das wahre Gesicht der Kinder Gottes. So betet ein Psalmist in bedrängter Stunde: »Zeige mir, Herr, deinen Weg!« So sagt der König David einst: Ich muss warten, »bis ich erfahre, was Gott mit mir tun wird«.

Das ist genau das Gegenteil vom unruhigen, gejagten Menschen unserer Tage. Es fragt sich nur, von wem am Ende Segensspuren bleiben: von einem Manager oder von einem Paulus, der in der Stille nach Führung ruft.

Aber nun müssen wir doch aussprechen: Wie herrlich ist das, dass der Herr seine Leute in der Wirrsal des modernen Lebens wirklich führen will – auf Wege des Segens!

2. Man muss richtige Augen bekommen

Als Paulus nach Europa zog, kam er aus dem unterentwickelten Palästina in die Blüte der hellenistischen Kultur. Paulus, wird dich das nicht blenden und unsicher machen? Da bereitet der Herr ihn vor: In einer Vision sieht Paulus einen Mazedonier. In einem Mazedonier vereinigten sich die beiden Merkmale jener Kultur. Dieses Volk hatte Anteil an Kunst und Wissenschaft der Griechen. (Ich glaube, wir machen uns nur schwer eine Vorstellung von der geistigen Kraft, die von den Philosophenschulen und von den Künstlern Athens ausging und Griechenland prägte.) Und dann: Die Mazedonier hatten vor den Römern die Idee des Weltreichs entwickelt. Sie lebten noch im Glanz Alexanders des Großen.

Also: Hochgezüchtete geistige Kultur und sinnvoll angewandte Macht kennzeichneten jene Zeit. Und sie wurden dargestellt in jenem Mazedonier, den Paulus in seiner Vision sah.

Wer diese Zusammenhänge durchschaut, den erschüttert es: Dieser Mazedonier kommt nicht in Glanz und Pracht, sondern als Elender und Hilfeflehender: »Komm herüber und hilf uns!«

Da öffnet der Herr gewissermaßen dem Paulus die Augen, dass er hinter die Fassade dieser glänzenden europäischen Welt sieht. Hinter dieser Fassade ist der elende, friedelose, unerlöste Mensch, der Mensch mit seiner Sünde, mit seinen trüben Bindungen, mit seiner Hoffnungslosigkeit. Dem kann nur eins helfen: die herrliche Botschaft: »So sehr hat Gott die Welt geliebt, dass er seinen eingeborenen Sohn gab, auf dass alle, die an ihn glauben, nicht verloren werden, sondern das ewige Leben haben.«

Wir haben hoffentlich begriffen, dass wir eigentlich nicht nur und nicht mehr von der damaligen Zeit, sondern von unserer Zeit sprechen.

Gott schenke uns diesen Blick hinter die Fassade! Nur wer sein eigenes Elend und das der Zeit erkennt, der wird das Heil in Jesus finden – für sich selbst. Und der wird dann anderen zum Segen sein.

Es muss noch eins herausgestellt werden. Wie wurde Paulus ein Segen? Er sah die inwendige Not seiner Zeitgenossen und – er ging nicht daran vorbei. Diese innere Not rief ihn. Solange wir uns nur um uns selber drehen, bleiben wir ungesegnete Leute. Es ist dann gleichgültig, ob wir bei diesen Drehungen christliche Grundsätze haben. Dem Paulus brach wie seinem Heiland das Herz, wenn er hinter der Fassade der hellenistischen Welt die Schuld und Not der Herzen sah. Und da sprang er auf. Aus war es mit der Stille: Sie müssen von Jesus hören und von der Vergebung der Sünden und von der großen Freiheit in Jesus!

3. Man muss ein gehorsames Herz haben

Wenn wir einmal lesen, was vor unserer Textgeschichte steht, werden wir sicherlich sehr bewegt. Da hören wir nämlich, dass der Paulus ganz bestimmte Pläne hatte, als er sich auf die Reise begab. Er wollte die kleinasiatischen Landschaften aufsuchen. Und da heißt es ganz seltsam: »Es ward ihnen gewehrt von dem heiligen Geist.« Der Herr hatte andere Pläne. So kam Paulus sehr ratlos nach Troas. Und dort rief ihn die Vision nach Europa.

Nun ist es geradezu ergreifend, dass wir kein Wort hören, wie schwer es dem Paulus wurde, sein eigenes Wünschen in den Tod zu geben. Er hatte sein Herz und seinen Willen seinem Erlöser ganz und gar hingegeben. In einem willigen Gehorsam folgte er »dem Lamme nach«.

Das ist ein wichtiger Wink für Leute, die ein gesegnetes Leben haben wollen. Wie ist es denn bei uns so oft? Wir stecken vielleicht in ganz groben Sünden, in einem Streit, im Sorgengeist, im Mammonsdienst, in Unkeuschheit. Wir wissen genau, dass wir dem Herrn ungehorsam sind, aber wir wollen nicht davon lassen. Solange es so steht, werden wir nie gesegnete Leute sein. Wenn wir im Groben schon dem Herrn nicht gehorsam sein wollen, wie könnten wir seine feinen Winke und Führungen verstehen!

Ein gesegnetes Leben wollen, das heißt ja: beständige Einübung im Gehorsam gegen den, der uns unendlich reich machen kann, wenn wir es nur ganz mit ihm wagen.

Wir sagten anfangs: Wir haben nur ein einziges Leben. Sehen wir zu, wie wir einst mit diesem Leben vor dem heiligen Gott bestehen. Aber darauf können wir uns verlassen: Ein gesegnetes Leben ist ein reiches und erfülltes Leben.

Das seltsame Wesen der Jesus-Jünger

Apostelgeschichte 28,3-6: Da aber Paulus einen Haufen Reiser zusammenraffte und legte sie aufs Feuer, kam eine Otter von der Hitze hervor und fuhr Paulus an seine Hand. Da ... sprachen die Leute: Dieser Mensch muss ein Mörder sein, welchen die Rache nicht leben lässt ... Er aber schlenkerte das Tier ins Feuer, und ihm widerfuhr nichts Übles ... Da sprachen sie, er wäre ein Gott.

In unserem Jugendkreis kam ein junger Mann zum Glauben an Jesus und übergab diesem Herrn sein Leben.

Einige Zeit später fand zwischen ihm und seiner Mutter folgendes Gespräch statt. Die Mutter sagte: »Was ist mit dir los? Du bist so anders. Ich verstehe dich nicht mehr.« Darauf antwortete der junge Mann: »Ich verstehe mich selbst nicht mehr. Es ist etwas ganz Neues in mein Leben gekommen, über das ich nicht Herr bin.«

Man kann es kaum besser ausdrücken, wie es um das Leben der Jesus-Jünger bestellt ist: Es ist etwas Neues in ihr Leben gekommen, das sie aus dem großen Haufen der Masse herausgenommen hat. Sie haben ein Wesen bekommen, das der Welt befremdlich erscheint. Davon handelt unser Text.

1. Eine verborgene Hand bestimmt ihr Leben

Jetzt muss ich zuerst einmal die Geschichte erzählen, die uns beschäftigen soll. Vor der Insel Malta war ein Schiff gestrandet. Mannschaft und Passagiere konnten sich retten. Es waren merkwürdige Passagiere: römische Soldaten, die einen Gefangenentransport nach Rom brachten. Unter den Gefangenen war der Apostel Paulus. Die Bevölkerung von Malta nahm sich freundlich der Schiffbrüchigen an. Vor allem wurde ein großes Feuer angezündet, weil die Ärmsten vor Kälte und Nässe zitterten. Und dabei geschah es: Paulus rafft einen Haufen Reiser zusammen und wirft ihn in das Feuer. Da fährt eine gefährliche Viper heraus und beißt ihn in die Hand. Erschrocken stehen die Heiden. Bedeutsam nicken sie sich zu: »Die Sache ist klar. Dieser Mann ist ein Mörder, den die Rachegöttinnen verfolgen. Dem Meer ist er entronnen. Aber sie geben die Verfolgung nicht auf. Jetzt hat ihn die Rache eingeholt.« Gespannt lauern sie darauf, dass dieser Paulus tot niederfällt. Sie kennen den tödlichen Biss der Schlange. Aber es geschieht gar nichts. Paulus redet freundlich mit ihnen weiter, als sei nichts geschehen. Nun erschrecken die Heiden erst recht: »Die-

ser Mann muss ein Gott sein, den kein Tod töten kann.«
So steht auf einmal der Jesus-Jünger im Mittelpunkt des Interesses.
Nun müsste ich einfach davon sprechen, wie der Herr sichtbar seine Leute bewahren kann. Davon könnte man viel rühmen und reden. »Wir haben einen Herrn, der vom Tode errettet«, sagt David. Ja, ich möchte am liebsten alle anwesenden Jesus-Jünger bitten: »Lasst uns aufstehen und den Retter aus Todesnöten preisen und singen: ... In wie viel Not / hat nicht der gnädige Gott / über dir Flügel gebreitet.«
Doch dann könnte es geschehen, dass von den Nachdenklichen einer aufsteht und sagt: »Aber einige Jahre später wurde Paulus grausam hingerichtet. Wo war da sein Herr?« Er hat mich in Bombennächten bewahrt. Aber der letzte BK'ler des Jugendhauses, der ihm treu diente, wurde von Bomben erschlagen.
Betrachten wir die Dinge nur nicht so primitiv, als sei Christenstand eine Art von Lebensversicherung. Vergegenwärtigen wir uns noch einmal die Geschichte des Paulus. Staunend sehen die Leute ihn an. Sie verstehen nicht, was da geschieht. Sie ahnen nur: Im Leben dieses Mannes ist heimlich eine verborgene Macht am Werk. Das ist es! Das ist das geheimnisvolle

Wesen der Jesus-Jünger: Sie leben beständig in der unmittelbaren Gegenwart Jesu. Ganz real ist es so: »Ich bin bei euch alle Tage bis an der Welt Ende.« Immer spüren sie seine Hand in ihrem Leben: tröstend, rettend, aufrichtend. Sie führt – sogar in den Tod. Aber – sie lässt nicht von dem Jesus-Jünger. Der Heidelberger Katechismus drückt das so aus: »… dass ich im Leben und im Sterben nicht mein, sondern meines getreuen Heilandes Jesu Christi Eigen bin, der mit seinem teuren Blut für alle meine Sünden vollkömmlich bezahlt hat … und mich also bewahrt, dass ohne den Willen meines Vaters im Himmel kein Haar von meinem Haupt kann fallen, ja mir auch alles zu meiner Seligkeit dienen muss.«

2. Sie sind armselig – und doch herrlich

Wir stellen uns die bedeutenden Leute gern in eindrucksvoller Pose vor. Seht nur, wie großartig Goethe oder der Kaiser Wilhelm auf Denkmälern aussehen!

Der große Paulus aber steht hier sehr kümmerlich vor uns. Wie alle anderen friert und bibbert er vor Kälte. Jämmerlich ist sein Leben bedroht durch das Meer, durch die Schlange und durch das Richtschwert des Kaisers, das in Rom ihn erwartet. Im Grunde ist er ein

Häuflein Elend, ein Schiffbrüchiger und armer Gefangener.
Und doch sagen die Heiden am Ende der Geschichte: »Er ist ein Gott.«
Hier werden wir auf etwas sehr Wichtiges hingewiesen. Jesus-Jünger sind gewiss armselige Leute. Selten findet sich ein Minister oder ein Professor unter ihnen. Dafür um so mehr alte Omas, Lehrlinge, sorgenbeladene Leute – Leute mit Krankheiten, Kopfschmerzen, schmalen Geldbeuteln. Wenn das alles wäre! Es sind Leute, die gut wissen, wie sehr sie ihrem Herrn oft Schande machen, wie böse ihr Herz ist. Wir besprachen in unsrer Bibelstunde den Jona: ein beständiger Versager Gott gegenüber – und doch: ein ganz großer Erweckungsprediger! Ja, so ist es mit Jesus-Jüngern: Bei all ihrer Armseligkeit wohnt doch Jesus selbst in ihren Herzen. Sie sind – trotz allem – ein herrlicher Tempel Gottes. Immer wieder leuchtet die Klarheit des Herrn in ihrem Leben auf.
Ja, so seltsam ist das Wesen der Jesus-Jünger: Sie sind tief gebeugt, weil sie um ihre Armseligkeit wissen. Und sie heben stolz ihr Haupt empor, weil sie Kinder des großen, gewaltigen Gottes sind.
Seltsame Paradoxie! Der Liederdichter Woltersdorf hat dies wunderliche Wesen in einem

Lied von der »Gemeinde Jesu« geschildert. Da heißt es: »Wer ist der Braut des Lammes gleich? / Wer ist so arm und wer so reich? / Wer ist so hässlich und so schön? / Wem kann's so wohl und übel gehn? / Lamm Gottes, du und deine sel'ge Schar / sind Menschen und auch Engeln wunderbar... So elend, als man's kaum erblickt, / so herrlich, dass der Feind erschrickt, / so gottlos, dass wohl alle besser sind, / und so gerecht wie du, des Vaters Kind ... Ein Narr vor aller klugen Welt, / bei dem die Weisheit Lager hält. / Verdrängt, verjagt, besiegt und ausgefegt / und doch ein Held, der ew'ge Palmen trägt.«

3. Immun gegen das Todesgift

Nun hat diese Geschichte einen merkwürdigen Symbolcharakter. Durch den erhält sie einen wundervollen Trost für Sünder. Nicht für Leute, die leichtfertig Gottes Gebote übertreten. Denen kann ich nur mit ganzem Ernst sagen: »Irret euch nicht, Gott lässt sich nicht spotten.« Man kann ewig verloren gehen! Gott ist ein gerechter Richter!

Nein! Ich rede nicht von leichtfertigen Sündern, sondern von Jesus-Jüngern, die mit sich nicht fertig werden. Vor kurzem saß ein junger Mann vor mir, tief bekümmert. Er sagte: »Ich

glaube an Jesus und will ihm gehören. Aber
– die Sünde ist so mächtig in mir. Ich fürchte,
ich bin verworfen.«

Solchen Leuten will diese Geschichte etwas
sagen. Paulus wird von der giftigen Schlange
gebissen und – lebt doch! Nun ist die Schlange
in der Bibel das Symbol für Sünde und Satan.
Ja, diese Schlange tötet mit ihrem Biss Millionen Menschen und bringt sie in Tod und Verderben.

Der Jesus-Jünger Paulus aber wird gebissen
und lebt doch! Versteht ihr, was das sagen
will? Solange ich auf dieser Erde lebe, wird
die Schlange der Sünde mich verletzen. Aber
wenn ich Jesus angehöre, kann sie mich nicht
töten. Ich habe einen Heiland, dessen Blut
mich rein macht von aller Sünde. Ich darf ihm
meinen Schlangenbiss zeigen, und er heilt ihn.
Das Blut Jesu ist das Heilserum gegen den
Schlangenbiss der Sünde.

Und wenn wir tausendmal an uns selbst verzweifeln müssen – haltet es fest: Einen Jesus-Jünger kann die Schlange beißen, aber nicht
mehr töten. Da gilt in Ewigkeit: »Wer den
Sohn Gottes hat, der hat das Leben.«

Von der Schönheit und dem Elend der Gemeinde

2. Timotheus 1,5: Ich erinnere mich des ungefärbten Glaubens in dir, welcher zuvor gewohnt hat in deiner Großmutter Lois und in deiner Mutter Eunike; ich bin aber gewiss, auch in dir.

Kürzlich bekam ich ein kostbares Geschenk: einen Brief, der in der ersten Hälfte des 19. Jahrhunderts geschrieben wurde von dem bekannten Liederdichter A. Knapp (»Eines wünsch ich mir vor allem andern«). Da schreibt er von der großen Liedersammlung, die er herausgeben will. Es ist reizvoll, in das Alltagsleben, das Sorgen und Planen eines solchen Gottesmannes hineinzusehen.

Viel aufregender aber ist es, in der Korrespondenz eines ganz großen Mannes zu blättern, der voll Heiligen Geistes der Weltgeschichte eine neue Wendung gab. Ich meine Paulus.

Vor mir liegt einer seiner köstlichen Briefe. In dem nimmt er kurz vor seiner Hinrichtung Abschied von seinem jungen Freund Timotheus. »Ich werde jetzt ausgegossen«, schreibt er, »wie ein Trankopfer ... Ich habe den guten Kampf gekämpft, ich habe den Lauf vollendet.«

In diesem Brieflein erwähnt er kurz die Familienverhältnisse des Timotheus. Er gibt uns eine

Familien-Kurzgeschichte. Die ist über ihren Rahmen hinaus bedeutsam, weil sie uns Einblick gibt in die Urgemeinde – nein, mehr! In die Gemeinde Jesu Christi ganz allgemein. Die Geschichte spricht nämlich von der Schönheit und dem Elend der Gemeinde.

1) Wie schön ist die Gemeinde Jesu!

»Ich kann mich gut erinnern«, schreibt Paulus an den jungen Mitarbeiter, »an deine Großmutter Lois und an deine Mutter Eunike.« Die beiden Frauen sind typische Kinder ihrer Zeit. Sie stammen aus Israel, leben aber in Kleinasien inmitten der heidnischen, römisch-hellenistischen Kulturwelt. Mit der Frömmigkeit wird's wohl nicht weit her gewesen sein; denn beide Frauen tragen nicht mehr einen biblischen, sondern einen griechischen Namen. Und die Eunike ist verheiratet mit einem griechischen Heiden, wie wir aus der Apostelgeschichte wissen. Also zwei Frauen, haltlos zwischen Judentum und Heidentum.

Und dann hören sie das Evangelium vom Heil Gottes in Jesus. Sie bekehren sich, sie glauben von Herzen an den Herrn Jesus. Sie führen den Sohn der Eunike, den Timotheus, dem Mann von Golgatha zu.

Und nun wird hier alles neu und schön. Paulus

skizziert das in ein paar Worten: »Ich erinnere mich«, sagt er, »des ungefärbten Glaubens, der in deiner Großmutter, deiner Mutter und nun hoffentlich auch in dir wohnt.« Seht, das ist es, was eine Gemeinde schön macht und schmückt: *ungefärbter Glaube, der im Herzen wohnt.*
Das müssen wir etwas näher ansehen.
»Glaube«! Wenn Paulus vom Glauben spricht, dann meint er nicht den Feld-, Wald- und Wiesenglauben des westdeutschen Normalmenschen an den »Herrgott« und an das »Gute im Menschen«. »Glaube« – da sieht Paulus auf Jesus, wie er am Kreuz hängt und wie er herrlich aufersteht. »Glaube« – das heißt: an sich selbst nichts Gutes finden und doch fest wissen: Durch Jesu Kreuz bin ich vor Gott gerecht gemacht. »Glaube«- das heißt: die Brücken hinter sich abbrechen und sein Sündenleben dahinten lassen und sich mit seinem ganzen Leben Jesus anvertrauen.
»Glaube« – das ist schön! In dieser schmutzigen, haltlosen Welt Menschen, die Jesus gehören und Felsengrund unter den Füßen haben.
Nun sagt Paulus: Dieser Glaube »*wohnt*« in Lois, Eunike und Timotheus. Was heißt das? Lasst mich ein Beispiel brauchen. Als Jungen gingen wir in Frankfurt a. M. zuweilen in die jüdische Synagoge. Nun müssen dort

die Männer einen Hut aufhaben beim Gottesdienst. Wir Jungen hatten aber keinen Hut. Da konnte man sich für 10 Pfennig an der Tür einen leihen. Das haben wir getan. Wenn man nach dem Gottesdienst herauskam, gab man den Hut wieder ab.

Ich fürchte, viele von uns machen es so mit dem Glauben. Wenn sie hier in den Gottesdienst kommen, setzen sie ein Glaubenshütlein auf. Aber wenn sie nachher fortgehen, lassen sie es hier zurück. Heute abend ist Jesus nicht mehr dabei. Und morgen früh auch nicht. Kümmerlich!

Bei Lois, Eunike und Timotheus war es anders. Da »wohnte« der Glaube in ihnen. Das heißt: Er war auch am Sonntagabend dabei. Und Jesus war dabei in der Familie, im Geschäft, auf der Straße und im Schlaf.

Und nun sagt Paulus noch etwas von dem Glauben dieser drei Leute. Es war ein »ungefärbter« Glaube. Das griechische Wort, das hier steht, heißt in der Urbedeutung: »Unerfahren in der Kunst der Schauspielerei.« Hat man nicht von vielen Christen und auch Pfarrern den Eindruck: »Du bist ein guter Schauspieler. Doch von der Kraft des Heiligen Geistes merkt man nichts an dir!« Jeder Mensch ist Schauspieler. Schon die kleinen Kinder. Wenn Jesus wirklich in unser Leben kommt, fallen die Masken, Sünden kommen an das Licht. Und von da ab wandelt man im Licht und nicht in der Maske.

Seht, das ist die Schönheit der Gemeinde Jesu, dass es dort so etwas gibt: ungefärbten Glauben, der im Herzen wohnt.

2. Das Elend der Gemeinde Jesu

Als junger Hilfsprediger erlebte ich in meiner Bielefelder Vorortgemeinde, wie Gott neues Leben gibt. Und da hielt ich es für notwendig, eine Evangelisation zu veranstalten. In der Nähe wohnte ein alter Mann Gottes namens Dallmeyer. Den bat ich: »Halten Sie eine Woche lang Evangeliums-Vorträge in meinem Bezirk!« Er tat es. Aber er war so elend, dass wir ihm einen hohen Stuhl in die Kanzel setzen mussten. Da hat er sitzend gepredigt. Nun hatte er sich originelle Themen gewählt, zum Beispiel: »Der böse Mann und die gute Frau«. Da sprach er über Nabal und Abigail. Wer die Bibel kennt, versteht. Oder: »Der gute Mann und die böse Frau.« Da redete er über Hiob und dessen Frau. Ein drittes Thema lautete: »Großmutter, Mutter und Kind – oder: Wo bleibt der Vater?« Dazu las er: »Ich erinnere mich des ungefärbten Glaubens, der in deiner Großmutter

Lois und in deiner Mutter Eunike wohnte und gewiss auch in dir, lieber Timotheus!«

Da habt ihr, was ich mit dem Elend meine! »Großmutter, Mutter und Kinder – oder: Wo bleibt der Vater?« Wie oft muss ich das denken in meinen Vorträgen und Predigten.

Der Vater des Timotheus blieb dem Herrn Jesus fern. Also schon damals glaubten die Männer, das Evangelium sei eine sentimentale Sache für Frauen und Kinder. Aber es sei nichts für Männer, die »mit beiden Füßen auf dem Boden stehen«. Wie wird diesen Männern zumute werden, wenn Gott einmal diesen Boden unter ihnen wegzieht; wenn er ihre elenden Sünden an das Licht bringt; wenn ihnen aufgeht, dass sie das Beste im Leben verpasst haben; wenn ihnen die Posaunen des Gerichts in die Ohren gellen; wenn sie das tötende Lachen hören vom Throne Gottes: »Ihr Narren! Ihr habt den rechten Weg verfehlt!«

Seht, das ist das Elend der Gemeinde Jesu, dass es ihr so schwer gelingt, Männern zu zeigen: Das Evangelium ist nicht ein sentimentaler Unsinn. Es geht dabei vielmehr um unser ewiges und zeitliches Schicksal.

3. Das Unheimliche der Gemeinde Jesu

Jedes Mal, wenn ich unseren Text lese, fällt

mir ein erschreckendes Wort ein, das der Herr Jesus selbst gesagt hat: »Es werden zwei auf einem Bette liegen; einer wird angenommen, der andere wird verlassen werden.« Da ist Eunike. Ihr Name steht nicht nur in der Bibel, sondern auch in den Büchern Gottes. Ihr Mann aber wird weder hier noch dort erwähnt.

Seht, das ist der unheimliche Charakter der Gemeinde Jesu Christi. Sie ist nicht ein soziologisches Gebilde wie andere. In ihr geschehen vielmehr unablässig Entscheidungen, die in die Ewigkeit hineinreichen. Ein solcher Gottesdienst ist nicht eine Versammlung wie irgendeine andere. Hier geschieht vielmehr, was Paulus einmal so ausdrückt: »Das Evangelium ist den einen ein Geruch des Todes zum Tode, den anderen ein Geruch des Lebens zum Leben.« Das heißt: Das Evangelium wirkt auf die einen wie Kölnisch Wasser auf Ohnmächtige: Sie erwachen, kommen zu sich, gehen ins Leben. Auf die anderen wirkt es wie Giftgas: Es verstockt sie und tötet sie innerlich ab.

In der Gemeinde Jesu fallen ewige Entscheidungen. Wie sieht unsere aus?

Christenstand – ernst genommen

2. Tim. 4,13: Den Mantel, den ich zu Troas ließ bei Karpus, bringe mit, wenn du kommst, und die Bücher, sonderlich die Pergamente.

»Nun, was kommt denn am nächsten Sonntag für eine Kurzgeschichte dran?« fragte mich jemand in dieser Woche.

»Die Geschichte von dem zurückgelassenen Mantel«, antwortete ich.

»Wo kommt denn die in der Bibel vor?« – »In einem Brief des Paulus«, erwiderte ich. »Paulus schrieb von Rom an seinen jungen Freund Timotheus: ›Bring mir den Mantel und die Pergamente mit, die ich bei Karpus in Troas zurückließ.‹«

Darauf lachte der Frager und meinte: »Da bekommen wir also eine Predigt über die Vergesslichkeit. Wie schön, dass es sogar solch einem großen Mann wie dem Paulus passiert ist, dass er seinen Mantel bei der Abreise vergessen hat!« Da musste ich auch lachen. Mir fielen all die Ferien-Reisenden ein, die eine halbe Stunde nach der Abfahrt aufschreien: »O! Jetzt habe ich doch etwas vergessen!« Mir fielen alle Regenschirme, Aktentaschen und Mäntel ein, die im Laufe der Jahrhunderte vergessen wurden oder hängen blieben.

Gehört da hinein des Paulus Mantel? O nein! Als ich dieser kleinen Briefnotiz nachforschte, ging mir auf: Hier bekommen wir einen tiefen Einblick in einen wirklichen Christenstand.

1. Das deponierte Gepäck

Zunächst: Es handelt sich nicht nur um einen Mantel, sondern auch um Pergamente. Im Allgemeinen schrieb man damals auf Papyrus. Pergamente waren wertvoll. Ich nehme nicht an, dass es sich bei diesen Pergamenten um Briefe oder Notizen und Aufzeichnungen des Paulus handelte. Ich bin überzeugt, dass er von Kostbarem spricht, wahrscheinlich von biblischen Büchern des Alten Testaments.
Den Mantel und die Pergamente hatte Paulus nicht in Vergesslichkeit liegen lassen – so wie wir einen Regenschirm stehen lassen. Nein! Er hatte dies Eigentum bei seinem Glaubensbruder Karpus in Troas deponiert.
Die Apostelgeschichte gibt uns Hinweise darauf, wann das geschah. Paulus hatte seine dritte große Missionsreise fast vollendet. Auf dieser Fahrt merkte er, wie die Feindschaft gegen das Evangelium zunahm. Als er in Griechenland ein Schiff zur Heimfahrt besteigen wollte, musste er umkehren, weil er erfuhr, dass man ihm dort nach dem Leben trachtete. So machte

er einen Umweg über Mazedonien und Kleinasien.

Auf dieser Reise nun geschah etwas Seltsames: In irgendeiner Weise hat der erhöhte Herr Jesus ihm deutlich gemacht: »Paulus, du kannst dem Leiden jetzt nicht mehr ausweichen, wenn du mich nicht verleugnen willst. Jetzt wird es ernst. Jetzt musst du mir das Kreuz nachtragen. Jetzt geht es ins Gefängnis und in den Tod!« Paulus hat seinen Freunden in Milet davon berichtet: »Der Heilige Geist bezeugt in allen Städten, dass Bande und Trübsale auf mich warten.«

Was nun? Ich erinnere mich, wie mich in Kanada einmal ein Farmer einlud, mit ihm zu fahren. Und dann kam er mit einer Karre an, die mich erschreckte. Zuerst sah ich zwei halbwilde Pferde. Hinter denen hing ein Klappergestell, das jeden Augenblick auseinander brechen konnte. Damit sollte es über die Prärie gehen, wo es keine Straßen gibt?! Der Farmer winkte mich auf den hohen Bock. Ich schüttelte den Kopf. Ich hatte hinten am Wagen einen kleinen Tritt entdeckt. Auf den stellte ich mich mit einem Fuß. Wenn die Karre zusammenbrach, konnte ich vorher abspringen.

Ist so nicht unser Christenstand? Wenn's ernst wird, springen wir ab.

Wie anders der Paulus! Als er sieht: Jetzt geht es ins Leiden für Jesus – macht er sich bereit. Wie ein Soldat vor dem Sturm deponiert er Mantel und Pergamente in Troas. Dies deponierte Gepäck redet erschütternd von der Bereitschaft eines Jesus-Jüngers. Kurz nachher sagt er das Wort: »Ich achte der keines; ich halte mein Leben auch nicht selbst teuer, dass ich vollende meinen Lauf mit Freuden.« Der Herr Jesus, sein Heil, seine Versöhnung, die Kindschaft bei Gott – all das war ihm wichtiger und lieber als sein Leben.
Hier drängt sich jedem die Frage auf: »Wie viel ist mir Jesus wert?« Daran können wir ermessen, wie es um unseren Christenstand bestellt ist.

2. Das ersehnte Gepäck

Drei Jahre sind vergangen, seitdem Paulus Mantel und Pergamente in Troas zurückließ. Es liegt viel in diesen drei Jahren: Die tumultuarische Verhaftung in Jerusalem, unheimliche Mordanschläge, zwei Gefängnisjahre in Cäsarea, Verhöre vor Königen und römischen Statthaltern, Schiffsreise nach Rom, Schiffbruch und wunderbare Rettung. Und nun sitzt Paulus schon ein Jahr im Kerker in der Weltstadt. Sein erstes Verhör vor dem Kaiser ist vorüber. Kerker! Warten! Warten!

Da schreibt er diesen Brief. Er lässt uns hineinsehen in viel Herzensnot: »Demas hat mich verlassen und die Welt lieb gewonnen.« »Alexander, der Schmied, hat mir viel Böses bewiesen.« »Bei meinem ersten Verhör stand mir niemand bei.« Hinter solchen Sätzen stehen viel Einsamkeit und Enttäuschungen. In diesem Zusammenhang ist ergreifend unser Text. »Bringe mir meinen Mantel. Es ist kalt. Mich friert.« Und: »Bringe mir meine Pergamente. Mein Geist quält sich in der Einsamkeit. Ich brauche geistliche Nahrung.«

Versteht ihr? Die kleine Briefnotiz lässt uns ahnen, wie dieser Jesus-Jünger an Leib und Geist Not leidet. Zwar sagt sie es nicht offen. Aber sie lässt es uns ahnen.

Ein Jesus-Jünger in großer Dunkelheit! Geht der Herr so mit seinen Leuten um? Ja, so geht er mit ihnen um.

Ich glaube nicht, dass es Jesus-Jünger geben kann, denen die dunklen Einsamkeiten, die finsteren Nächte, die tiefen Täler, die Kreuzeswege erspart bleiben. Jesus-Jünger kennen die Stunden, wo es uns friert – und kein Mantel kann uns wärmen; wo man sich sehnt nach einem einzigen Wörtlein aus den Pergamenten der Bibel – und es will keines sprechen.

Seht, in diesem Zusammenhang ist mir ein

kleines Wort in der Umgebung unseres Textes aufgefallen: »Der Herr Jesus sei mit deinem Geiste.« Das ist aus der Tiefe geschöpft. Da weiß man in der Dunkelheit: Jesus lebt, ist Wirklichkeit. Da weiß man: Er lässt sich seine erkauften Schafe nicht rauben. Da fühlt man seinen Frieden wie einen Strom. Da lacht man heimlich doch über Welt und Teufel, weil deren Macht durch die Vergebung der Sünden gebrochen ist. Da schaut man durch den Horizont und sagt: »Der Herr wird mir aushelfen zu seinem himmlischen Reich.« Jesus-Jünger sind auch in der dunkelsten Nacht nicht verloren. Das ist ihr tiefstes Geheimnis, in das der Teufel nicht eindringen kann.

3. Das überbrachte Gepäck

Kein Brief des Paulus spricht so viel von der Enttäuschung an Christen wie dieser zweite Timotheus-Brief. Das macht ihn so beunruhigend.

Aber gerade darum ist unser Text so schön. Denn er bezeugt: Da sind doch Brüder. Die Gemeinde Jesu Christi ist doch eine Wirklichkeit in dieser verlorenen Welt. Da ist ein Karpus in Troas, der dem Paulus sein Eigentum treu bewahrt. Wie, wenn man bei ihm Haussuchung machte? Die Christen sind nun doch alle verdächtig in dem totalen römischen Staat. Und da ist der junge Bruder Timotheus, der den Paulus im Kerker besuchen und ihm sein tröstliches Gepäck bringen wird. Weiß er denn nicht, wie er sich damit gefährdet? Er weiß es und sagt: »Ich schäme mich des Evangeliums von Christus nicht, denn es ist eine Kraft Gottes, die da selig macht.«

Bekehrt euch nur zum Herrn Jesus! Dann werdet ihr entdecken: Die Gemeinde Jesu ist eine Wirklichkeit. Sie ist nicht eine Organisation, sondern eine geistliche Wirklichkeit. Und alle Kinder Gottes singen mit Tersteegen: »O wie lieb ich, Herr, die Deinen, / die dich kennen, die dich meinen, / o wie köstlich sind sie mir. / Du weißt, wie mich's oft erquicket, / wenn ich Seelen hab erblicket, / die sich ganz ergeben dir.«

Erweckte Herzen auf dem Wege des Todes

2.Timotheus 4,14-15: Alexander, der Schmied, hat mir viel Böses bewiesen; der Herr bezahle ihm nach seinen Werken. Vor dem hüte du dich auch; denn er hat unsern Worten sehr widerstanden.

Vor einiger Zeit hatte ich eine Evangelisation in einer württembergischen Kleinstadt. Viel Volk kam zusammen. Omnibusse brachten Menschen aus der Umgebung. Auch aus dem Hotel, in dem ich wohnte, machten sich Kurgäste auf. Da lud ich eines Tages den Hotelier ein. Mit einer großen Höflichkeit und unsagbaren Gleichgültigkeit lehnte er ab: »Ich habe keine Zeit.« In ihm begegnete mir der eigentliche Mensch unserer Zeit. Der hat keine Feindschaft gegen das Evangelium. Es ist ihm nur unaussprechlich gleichgültig.

Nun, das war eigentlich schon immer so, dass der unerweckte Mensch alles andere interessanter findet als die Offenbarung Gottes. Das hat Paulus schon erlebt. In Philippi hörten ihm nur ein paar Frauen zu. In Athen lachte man ihn aus.

Um so auffälliger ist es, wenn wir hier erfahren, dass Paulus auf einen Menschen traf, der mit Leidenschaft seine Botschaft ablehnte, der ihm Steine in den Weg warf. »Alexander hat mir viel Böses erwiesen. Er hat unsern Worten sehr widerstanden.«

Was sind das für seltsame Leute, die in einer Zeit allgemeiner Gleichgültigkeit das Evangelium und seine Boten hassen können? Es sind die, die einmal von Gottes Geist erweckt waren, dann aber wieder auf den Weg des Todes gerieten. So steht dieser Alexander in der Bibel als eine Warnung für alle die unter uns, die etwas wissen von dem Wirken Gottes an ihren Herzen.

1. Man kann nicht mehr glauben

Wir lernen diesen Schmied Alexander näher kennen aus dem ersten Timotheus-Brief. Da schreibt Paulus von ihm: »Er hat am Glauben Schiffbruch erlitten.« Er hatte es also einmal gehört, dass der lebendige Gott in Jesus zu uns gekommen ist und dass dieser Sohn Gottes ihn am Kreuz erkauft hat. Ja, er hatte Vertrauen zu Jesus bekommen. Er hatte es gewagt, sein Schifflein loszubinden und im Vertrauen auf Jesus zu leben.

Aber diese gute Fahrt hatte nur kurz gedauert. Da war sein Glaubensschiff gescheitert. Furchtbar, so ein Schiffbruch: wenn ein Schiff auf die Klippe aufläuft, wenn die wilden Wellen Stück um Stück des Schiffes zerschlagen und hinabreißen. So war es dem Alexander mit seinem Christenglauben ergangen.

Wie war das möglich? Wir hören da eine seltsame Erklärung im ersten Timotheus-Brief: »Er hat das gute Gewissen von sich gestoßen.« Es kommt alles darauf an, dass wir dies verstehen.

Seht, der unerleuchtete Weltmensch lebt dauernd gegen sein Gewissen und macht sich nichts draus. Das Evangelium aber erweckt unser Gewissen. Da entdeckt man, wie sehr schuldig man vor Gott geworden ist. Man hält es nicht mehr aus, bringt seine Schuld unter Jesu Kreuz und empfängt Vergebung. Aber nun hat man ein erwecktes Gewissen. Der Heilige Geist hält es wach. So lernt man meiden und hassen, was Gott nicht gefällt: Luther sagte: »Es ist nicht gut noch geraten, etwas wider das Gewissen zu tun.«

Ich will hier gleich erklären: Jesus-Jünger erleben wohl tiefe Niederlagen. Aber eines können sie nicht: Sie können mit dem, was sie als Sünde erkannt haben, nicht Frieden schließen. Man kann nicht auf die Dauer betrügen, im Ehebruch leben, den Sonntag entheiligen, im Streit leben – und zugleich ein Gotteskind sein wollen.

Alexander hat dies versucht: Er hat das gute Gewissen von sich gestoßen. Aber da erlitt sein Glaube Schiffbruch. Der große Bibelausleger A. Bengel weist darauf hin, wie es wohl bei Alexander gewesen ist. Er kommt nämlich noch einmal in der Bibel vor, in der Apostelgeschichte. Da wird berichtet von der großen Erweckung in Ephesus, bei der wohl dieser Kupferschmied erfasst wurde. In Ephesus aber war ein berühmter Heidentempel der Diana. Und nun lebte ein ganzes Gewerbe davon, dass man kleine Nachbildungen dieses Tempels an die heidnischen Pilger verkaufte. Als nun die Erweckung viele Herzen erfasste, ging das Gewerbe zurück. Daraufhin machten diese Gold-, Silber- und Erzschmiede einen tollen Tumult, bei dem Alexander eine undurchsichtige Rolle spielte. Und da sagt A. Bengel: Er war Jesus-Jünger geworden, aber er lebte vom Heidentum, indem er auch diese Götzentempelchen herstellte. Er fuhr zweigleisig. So erlitt er im Glauben Schiffbruch und wurde eine düstere, tragische Gestalt wie – Judas.

Wie ist das wichtig für alle, die einen Anfang gemacht haben. Ich möchte sagen: Verzweifle nie, wenn du als Jesus-Jünger eine Niederlage erlebst! Stehe auf und hole dir bei Jesus Vergebung. Aber du bist verloren, wenn du die Sünde bei dir wohnen lässt. Tersteegen sagt: »Wer sich nicht ganz dem Herrn will geben, / der führt ein wahres Jammerleben. / Brich durch, es koste, was es will, / sonst wird dein armes Herz nicht still.«

So war das mit Alexander. Was noch zu sagen ist, folgt klar aus dem Bisherigen.

2. Man kann nicht mehr lieben

Es ist das Kennzeichen der Gemeinde Jesu, dass man hier Liebe findet. Im letzten Sommer hatte ich eine Freizeit mit 25 Schülern. Da lud uns ein Mann aus einem benachbarten Ort ein. Nie werden wir diesen wundervollen Tag vergessen. Am Dorfrand holen uns CVJMer ab. Der Mann hatte eine großartige Tafel in einem Obstgarten decken lassen. Alle seine Angestellten und Familienmitglieder waren bereit, uns zu bedienen. Und dann gab es ein fürstliches Mahl. Immer mehr Leute kamen, hörten zu, wie wir sangen. Ich hielt eine geistliche Rede. Kurz, es war herrlich! Ich glaube, es gab keinen von meinen Jungen, der nicht das Wunder empfand, dass hier völlig Unbekannte ihnen Liebe erweisen wollten. Das ist Gemeinde Jesu!

Ein Strom von Liebe geht aus dem Herzen Gottes. Er gibt seinen Sohn für uns hin. Aus dem Herzen des Gekreuzigten strömt diese Liebe in Menschenherzen, welche glauben können. Und nun geht sie zu den anderen, die im Glauben Brüder und Schwestern sind. Und von da geht die Liebe in die kalte, egoistische Welt. In diesen Strom war Alexander einmal hineingestellt. Aber nun? – Nun kann er nur noch hassen. Und zwar hasst er – das ist bezeichnend – die Jesus-Jünger. »Er hat mir viel Böses erwiesen«, sagt Paulus.

Als der König Saul im Alten Testament von Gott verworfen wurde, ging der Heilige Geist von ihm. Sofort nahm ein böser Geist von ihm Besitz und machte ihn unruhig. Und die erste Wirkung dieses bösen Geistes ist, dass Saul den Spieß wirft nach David, dem Freund Gottes.

Arme Feinde der Gemeinde Jesu! Euer Zorn zeigt, dass ihr vom Leben wisst und den Tod im Herzen habt.

Das ist wichtig für uns: Wer einen Anfang im Glauben an Jesus macht, darf nicht zurückgehen. Er muss vorwärts – bis zum seligen Ziel, zu dem uns Jesus berufen hat. Damit sind wir beim Letzten:

3. Man kann nicht mehr hoffen

Ich muss euch auf etwas Seltsames aufmerksam machen. Gleich hinter unserm Text berichtet Paulus davon, wie ihn alle Christen in Rom im Stich ließen, als er vor dem Kaiser stand. Dazu sagt er: »Es sei ihnen nicht zugerechnet.« Und im Vers vorher sagt er von dem Schmied Alexander: »Der Herr bezahle ihm nach seinen Werken.«

Warum dieser Unterschied? Soll das heißen, dass der liebe Paulus vom Rachegeist überwältigt wurde, wenn er an den Alexander dachte? O nein!

Diese Christen, welche versagten, gehörten Jesus. Paulus wusste, dass sie traurig sind über ihr Versagen, dass sie es Jesus bekennen und Vergebung empfangen. Denn Jesus-Jünger leben täglich von der Gnade Jesu.

Alexander aber hat prinzipiell auf die Gnade verzichtet, die in Jesus erschienen ist. Nun bleibt ihm nur das Gericht, das schreckliche Gericht Gottes, der gerecht ist.

So steht es nun ganz klar: Entweder stehen wir bei Jesus und damit unter der Gnade, die täglich vergibt. Wenn das nicht der Fall ist, bleibt unsere Schuld behalten bis zum Tage des Gerichtes. Eine dritte Möglichkeit haben wir nicht, weil Gott lebt. Wer aber unter der Gnade steht, der hat Vergebung seiner Sünden und damit eine gewisse Hoffnung des ewigen Lebens.

Der Jesus-Jünger in der vordersten Stellung

2.Tim. 4,16-17: In meiner ersten Verantwortung stand mir niemand bei, sondern sie verließen mich alle. Es sei ihnen nicht zugerechnet. Der Herr aber stand mir bei und stärkte mich, auf dass durch mich die Predigt bestätigt würde und alle Heiden sie hörten; und ich ward erlöst von des Löwen Rachen.

Vor einiger Zeit brachten die Zeitungen Bilder von den Uniformen der westdeutschen Wehrmacht. Als ich diese Bilder sah, fiel mir meine Jugend ein: Mit welchem Wohlgefallen zog man so eine hübsche Uniform an. Aber eines Tages stand man ganz vorn an der Front. – Wisst ihr, was das heißt: ganz vorn? Da ist hinter einem eine lange Etappe. Da sind Bäckereien und Stäbe, da sind Depots und Trainkolonnen. Und dann kommen die Artilleriestellungen. Und dann Gräben. Und dann – ganz vorn – Erdlöcher. Darin kauert man. Vor sich hat man nichts mehr als das Niemandsland, wo der Tod umgeht.

Mir ist das ein Gleichnis für das Reich Gottes in dieser Welt. Da ist manch einer, der hält den Christenstand für eine interessante und gut sitzende Uniform. Aber bald muss er innewerden: Das ist kein Kinderspiel. Mit dem Sterben Jesu und seinem Auferstehen hat Gott den Kampf um die Welt aufgenommen.

Ja, da gibt es auch eine Etappe: Da sind die Millionen Namenchristen, da sind die Stäbe der Kirchenleitungen. Da ist auch die Artillerie. Ich hörte erst kürzlich von einem Kirchenmann sagen: »Der ist eine Kanone.«

Aber wer Jesus gehören will, ist schließlich ganz vorn, der Macht der Finsternis und allen Dämonen gegenüber. Ein Ladenmädel, das in seinem Betrieb den Weg Jesu gehen will; ein Arbeiter, der seinen Herrn bekennt; eine Mutter, die als Einzige in der Familie betet; ein führender Mann, der in der Gesellschaft sich zu Jesu Kreuz bekennt – ja, die wissen, was es heißt: im Kampf des Reiches Gottes ganz vorn sein. In unserem Text erzählt Paulus, was er da erlebte.

1. Ganz allein

»In meiner ersten Verantwortung stand mir niemand bei«, erzählt Paulus. »Sie verließen mich alle.«

Ich kann mir die Situation vorstellen: Lange hatte Paulus in Rom im Gefängnis gesessen. Nun wurde er eines Tages vor Gericht geführt, wahrscheinlich vor den römischen Kaiser selbst. Eine beunruhigende Sache! Die Solda-

ten, die Wachen, die Richter, das Gedränge der Zuschauer. Dem Paulus ist beklommen zumute. Er schaut in den Zuschauerraum. Da werden die Brüder sein, die römischen Christen. Wie in einem Raubtierkäfig kommt er sich vor. Er sucht den tröstlichen Blick der Brüder, die betend zu ihm stehen. Wo sind die Brüder?
Und dann die Enttäuschung: Es ist keiner da! Sie haben Angst. Sie haben sich nicht herausgewagt. Sie wollen nichts zu tun haben mit dem Mann, der ja doch seiner Hinrichtung entgegengeht.
Diese Enttäuschung! »Und das wollen Christen sein?!« Wenn jetzt einmal jeder aufstünde, der von Enttäuschungen mit Christen erzählen könnte – da bekämen wir Schreckliches zu hören. Ich kenne Menschen, die durch ihre Enttäuschung an Christen sogar allen Glauben verloren haben.
Paulus allerdings hat es anders gehalten. »Es sei ihnen nicht zugerechnet«. Er wusste: Mein Heiland liebt seine schwachen Schafe am meisten. So muss ich es auch tun. So hat er nicht aufgehört, seine schwachen, versagenden Brüder zu lieben. Ich sehe ihn im Geist, wie er dort im Gerichtssaal für seine armseligen Brüder betet. Paulus hat der Enttäuschung nicht nachgegeben. Und er hat Recht gehabt. Viele dieser

Christen sind später doch singend in den Märtyrertod gegangen. Das ist wichtig für uns. Jesus hat Geduld und Liebe. Und wir sollten sie auch haben.

Nun lasst uns noch einmal auf den Paulus sehen. »Es stand mir niemand bei.« Ein einsamer Mann! Keiner hilft ihm in dieser entscheidenden Stunde, als er ganz vorn an der Front des Reiches Gottes steht. Da sind keine Posaunen, keine frohen Lieder, keine große Gemeinde. Da ist nur noch der Teufel, der ihn kleinkriegen will.

Jeder Jesus-Jünger muss durch solche Anfechtungsstunden hindurch, wo er ganz allein steht, wo ihm niemand helfen kann, wo die letzten Entscheidungen fallen, ob man Jesus gehören oder abfallen will; wo man neu wählen muss zwischen dem bequemen breiten Weg, der doch in die Verdammnis führt, und dem schmalen Weg, der zum Leben führt.

Mein Herz zittert, wenn ich an alle Christen denke, die ganz allein in der vordersten Stellung die Anläufe Satans bestehen müssen.

2. »Der Herr aber ...«

Nun habe ich doch etwas Falsches gesagt. Ein Jesus-Jünger steht niemals ganz allein. Wir spüren die Erschütterung in der Erzählung des Paulus: »Es stand mir niemand bei.« Und

dann geht es weiter, gewaltig weiter: »Der Herr aber stand mir bei und stärkte mich ... und ich ward erlöst aus des Löwen Rachen.«
Ich möchte nicht müde werden, euch zu sagen: Christen haben nicht eine Weltanschauung, sondern einen lebendigen Herrn. Jesus ist auferstanden von den Toten. Und er hat seinen Leuten versprochen: »Ich bin bei euch alle Tage, bis an der Welt Ende.« Das sind die ganz großen Stunden in einem Christenleben, wenn man erschrocken ist darüber, wie hilflos man den Mächten der Finsternis allein gegenübersteht, wie schwach das eigene Herz ist, den Kampf des Glaubens siegreich zu Ende zu führen – und wenn dann der Herr selbst fühlbar auf den Plan tritt.
Ja, ich möchte aus eigener Erfahrung bezeugen: Je größer die Anfechtungen sind, desto klarer dürfen wir der Wirklichkeit und Lebendigkeit und Herrlichkeit Jesu inne werden. Je mehr wir den Mut haben, ganz vorne an der Front des Reiches Gottes zu stehen, desto mehr machen wir wunderbare Erfahrungen mit dem auferstandenen Herrn Jesus.
Paulus sagt: »Ich ward erlöst aus des Löwen Rachen.« Ein unerhörtes Bild! So weit ließ es sein Herr mit ihm kommen, dass er waffenlos einem brüllenden Löwen gegenüberstand, der

den Rachen gegen ihn aufriss. Und dann riss ihn sein Herr heraus. »Er erlöste mich«, sagt Paulus. Wenn Paulus das Wort »Erlösung« sagte, dann stand vor seinem geistigen Auge ein viel Größeres als die Gerichtsverhandlung vor dem Kaiser. Erlöst hat ihn sein Heiland, als er am Kreuz starb. Nun gehört er diesem Heiland, der sein erlöstes Eigentum nicht mehr loslässt.

Wenn ihr eine Bibel vor euch hättet, dann würdet ihr sehen, dass unser Text so weitergeht: »Der Herr aber wird mich erlösen von allem Übel und mir aushelfen zu seinem himmlischen Reich.«

Versteht ihr das: Ein Jesus-Jünger im vordersten Graben ist von lauter Erlösung eingeschlossen: Dort das Kreuz von Golgatha, auf der anderen Seite die himmlische Herrlichkeit, und dazwischen der lebendige Herr.

3. Der Sieg des Schwachen

Es ist wunderbar: Diese dunkle Stunde, die Paulus an der vordersten Front des Reiches Gottes erlebte, wurde zu einer der herrlichsten in seinem Leben. Nicht nur, dass er persönlich erfuhr, wie Jesu durchgrabene Hand ihn festhielt. Viel mehr: Diese ganze Gerichtsverhandlung wurde zu einem Sieg des Evangeliums. Paulus bekam durch den Heiligen Geist eine solche Freudigkeit, dass er gar nicht mehr daran dachte, sich zu verteidigen. Er bezeugte das Evangelium in Vollmacht.

Ich sehe die Szene vor mir: Der Kaiser horcht auf, die Richter staunen, die Wachen reißen Mund und Nase auf, die Zuhörermenge wird still, dass man die berühmte Nadel fallen hören könnte, als Paulus ihnen die Botschaft sagt: »So sehr hat Gott diese Welt.« – er macht eine weite Armbewegung über alle hin, über Kaiser, Wachen und Volk – »diese Welt geliebt; dass er seinen eingeborenen Sohn gab, auf dass alle« – wieder die Armbewegung, die alle umfasst: Richter, Pöbel, Kaiser und Soldaten – »auf dass alle, die an ihn glauben, nicht verloren werden, sondern das ewige Leben haben.«

Später sitzt Paulus wieder in der Zelle und berichtet dem Timotheus: »Der Herr stärkte mich, dass durch mich die Predigt bestätigt würde und alle Heiden hörten.«

Wie herrlich ist das Evangelium! Wie herrlich der Herr Jesus! Wie stark sein Geist! Wie armselig der Teufel und die Welt, die sich so wichtig tun!

Und nun sind wir gefragt, ob wir nicht auch endlich an die vorderste Front des Reiches Gottes gehen wollen.

Ein Bild aus der Urchristenheit, das uns ein Vor-Bild ist

3.Johannes 3: Ich bin aber sehr erfreut worden, da die Brüder kamen und zeugten von deiner Wahrheit, wie denn du wandelst in der Wahrheit.

Vor kurzem hatte ich eine Jugendevangelisation in einer bayerischen Großstadt zu halten. Die Sache war hervorragend vorbereitet. Und so geschah es, dass schließlich weit über 5000 junge Menschen in der großen Messehalle der Verkündigung des Evangeliums zuhörten.

Als ich nach der letzten Versammlung im Nachtschnellzug saß, der mich nach Hause bringen sollte, und in der Stille mein Neues Testament las, geriet ich an unseren Text. Da packte mich der seltsame Gegensatz:

Dort in der Messehalle Tausende – hier ein paar Christen, die einander kennen.

Dort in der bayerischen Stadt alle Mittel moderner Werbung – hier im Text Christen unter den Schatten fürchterlicher Verfolgung.

Und dann begriff ich plötzlich: Wenn wir Christen von heute uns nicht verlieren wollen an den Geist dieses Massenzeitalters, dann dürfen wir solch ein Bild aus der Urchristenheit nicht nur ansehen, wie man Altes und Ehrwürdiges ansieht. Dieses Bild aus der Urchristenheit muss uns Vor-Bild bleiben, nach dem wir uns ausrichten.

1. Johannes

Wir finden unseren Text in einem kleinen Brief des Apostels Johannes. Es fällt uns auf, wie dieser Mann sich um seine Brüder sorgt.
Johannes war ein sehr alter Mann geworden. Alle seine Mitapostel waren den Märtyrertod gestorben. Aber sein Geist ist frisch geblieben. Und so ist er ein Vater im Glauben für viele geworden. Er nennt sich einfach »der Älteste«.
Eines Tages bekommt er Besuch von einigen »Brüdern«. Man erzählt sich von dem, was Jesus getan. Namen werden genannt. Und dann fragt Johannes nach einem Mann namens Gajus. Wir wissen nichts von diesem Gajus, als dass er durch das Zeugnis des Johannes zum Glauben gekommen ist. Ein unbekannter Mann, der aus der heidnischen Welt zu Jesus gefunden hat. Aber wir spüren zwischen den Zeilen, mit welcher Spannung Johannes nach ihm gefragt hat. Der Gajus konnte ja unter dem Druck der Verfolgung weich geworden sein. Oder er konnte den Verlockungen der Welt erlegen sein.
Wir spüren förmlich, wie dem Johannes ein Stein vom Herzen fällt, als die Brüder berich-

ten, mit welchem Eifer der Gajus dem Herrn Jesus dient.

Liegt dem großen Apostel so viel an einem schlichten Bruder? Ja, so viel liegt ihm daran!

Wir sehen in der Bibel zwei Linien. Da ist zunächst die alte Welt, in der jeder nur sich selbst sucht. Als der heilige Gott den Adam zur Rede stellt nach dem Sündenfall, sucht der sich zu retten, indem er sein Weib preisgibt: »Eva verführte mich.«

Und so geht es weiter: Als der Herr Kain nach seinem Bruder fragt, entgegnet der frech: »Soll ich meines Bruders Hüter sein?«

Dieser Geist ist bis in die Kirche gedrungen. Als der verzweifelte Judas zu den Hohenpriestern kommt und ihnen das Verrätergeld zurückgeben will, zucken sie die Achseln: »Da siehe du zu!«

Diese Linie beginnt mit Adam und geht bis in die Gegenwart.

Daneben sehen wir eine neue Linie. Die neue Welt beginnt mit Jesus. Der sagt von sich: »Ich bin nicht gekommen, dass ich mir dienen lasse, sondern dass ich diene und gebe mein Leben« – für die Brüder. Und die Gemeinde Jesu hat das Wort gehört: »Ein jeglicher sei gesinnt, wie Jesus Christus auch war.« Darum sucht ein Ananias den Verfolger Saulus. Möchte unter uns das Wort umgehen, das Joseph einst sagte: »Ich suche meine Brüder!«

2. Die namenlosen Brüder

Jetzt wollen wir uns die Männer ansehen, die den Johannes aufsuchten. Wir kennen nicht ihre Namen. Wir wissen nur eins von ihnen, was im 7. Vers dieses Briefes steht: »Um Jesu Namen willen sind sie ausgezogen.« Sendboten Jesu, die alles drangaben und ihr Leben zum Opfer brachten, um Jesus zu dienen.
Was opfern wir für Jesus?
Damit keine Verwechslungen entstehen, müssen wir es ganz klar aussprechen: Alle Opfer, auch die größten, könnten niemals den Sinn haben, uns vor Gott etwas zu verdienen. Frieden mit Gott bekommen wir nur durch das Opfer, das Jesus am Kreuz von Golgatha für uns gebracht hat. Der Glaube rühmt sich nicht der eigenen Opfer. Er rühmt nur das Opfer Jesu. Am Ende wird ein Christ immer sagen: »Nichts hab ich zu bringen, / alles, Herr, bist du.«
Aber nun ist es doch so: Wo man von Herzen gläubig geworden ist, da entbrennt das Herz für den Herrn, und man wird willig, ihm Opfer zu bringen. Die große Wendung im Leben des Grafen Zinzendorf erfolgte in der Stunde,

als er vor einem Gemälde des gekreuzigten Heilandes stand und die Schrift las, die der Maler dazugesetzt hatte: »Das tat ich für dich. Was tust du für mich?« Da war es dem Grafen, als stünde er auf dem Hügel Golgatha. Und der erbleichende Mund sagte ihm: »Alles habe ich für dich getan. Und du?« Und Zinzendorf musste antworten: »O Herr! Nichts hab' ich für dich getan. Nicht einmal ernst genommen habe ich dich.« Von dieser Stunde an wurde sein Leben ein Opfer für Jesus.

Als Ludwig XIV. die Hugenotten grausam verfolgte, entstand in der Schweiz ein evangelisches Predigerseminar, das junge Leute zum Zeugnis und zum Sterben ausbildete. Obwohl alle die jungen Prediger, die über die französische Grenze geschleust wurden, nach kurzer Zeit getötet wurden oder auf den Galeeren verkamen, drängten sich junge Christen zur Anmeldung in diesem Todes-Seminar.

So ähnlich war es mit den Brüdern, von denen unser Text spricht. Und nun steht Jesus auch vor uns heute. Vielleicht erwartet er, dass wir ihm eine ganz bestimmte Sünde opfern. Oder Zeit. Oder Geld. Oder vielleicht erwartet er einen bestimmten Dienst von uns. Er fragt auch uns: »Ich tat viel für dich. Was tust du für mich?«

3. Gajus

Als Johannes die erfreuliche Nachricht über Gajus bekommen hat, schreibt er an ihn diesen kurzen Brief, in dem es heißt: »Ich bin sehr erfreut worden, dass die Brüder zeugten von deiner Wahrheit, wie du denn wandelst in der Wahrheit.«

Das ist eine seltsame Ausdrucksweise. Wir würden doch sagen: »Ich freue mich, dass du im Glauben stehst.« Oder: »... dass du dich als Christ bewährst.« Was soll das heißen: Gajus wandelt in der Wahrheit?

Da Jesus von sich selbst gesagt hat: »Ich bin die Wahrheit«, könnte die Aussage über Gajus so lauten: »Gajus erweist sich als ein lebendiges Glied an dem Leibe Jesu Christi.« Am besten machen wir es uns am Gegensatz klar, was gemeint ist.

Es gibt Weinflaschen, die tragen ein wundervolles Etikett. Aber in der Flasche selbst ist gepanschter Wein. So gibt es auch ein Etikett-Christentum. Das Etikett sagt »christlich«. Aber dahinter ist nichts zu spüren von einem neuen Leben, von Buße und Glauben an den Herrn Jesus, von Wiedergeburt und Kraft des Heiligen Geistes.

Es gibt ein Wort-Christentum. Da beherrscht

man den ganzen christlichen Wortschatz und kann sogar öffentliche christliche Reden führen. Aber es sind leere Worte, da die Wirklichkeit des Lebens ihnen nicht entspricht.

Gajus wandelte in der Wahrheit. Das heißt: Sein Christenstand ist ein Christenstand der Wirklichkeit. Da ist wirkliche Furcht vor Gott. Da ist wirkliche Sündenerkenntnis. Da ist wirklicher Heilsglaube. Gott schenke dies uns auch!

Eine Zukunfts-Kurzgeschichte

Offenbarung 7,17c: ... und Gott wird abwischen alle Tränen von ihren Augen.

In den letzten Jahrzehnten ist die Welt überschwemmt worden mit Zukunftsromanen. Die fortschreitende Technik hat phantasievolle Leute gereizt, auszumalen, wie wir einst mit Weltraumschiffen zum Mars fahren werden. Und die ungeheuren politischen Entwicklungen haben angeregt, den totalen Staat der Zukunft oder eine kommende Idealwelt zu schildern.

Diese Zukunftsromane sind meist sehr umfangreich. Eine Zukunfts-Kurzgeschichte habe ich noch nirgendwo gefunden – außer in der Bibel. Unser Text stellt in der Tat eine Zukunfts-Kurzgeschichte dar.

Sie unterscheidet sich allerdings von den Zukunftsromanen entscheidend: Diese Zukunftsbilder haben Menschen mit blühender Phantasie gestaltet. Die biblische Kurzgeschichte aber stammt nicht aus der Phantasie des Schreibers. Vielmehr hat da Gott dem Apostel Johannes gezeigt, was einmal sein wird. Wir bewegen uns hier nicht auf dem Boden luftiger Phantasie, sondern auf dem nüchternen Boden kommender Wirklichkeit.

1. Sie erzählt, was sich niemand ausdenken konnte

Wer einmal von einem lieben Menschen Abschied genommen hat, der weiß, wie unheimlich das ist: Da ist ein Tor, durch das der andere hindurchging. Was mag sich dahinter verbergen?

Vor ein paar Jahren hat ein Buch von Hermann Kasak Aufsehen erregt: »Die Stadt hinter dem Strom.« Da versucht dieser Dichter, hinter das verschlossene Tor zu schauen. Er schildert das Totenreich als eine große Stadt, in der die Toten ihr ach so sinnloses Leben noch eine Zeitlang fortsetzen. Es pendelt gleichsam aus. Und dann – dann treten sie einen unheimlichen Weg an, an Abgründen vorbei – in einen rasenden Sturm – in immer grauere Ebenen. Sie werden immer schemenhafter – und verlieren sich endlich – im Nichts. Es ist ein grauenvolles Bild: der Zug der Schatten, der allmählich in Nebel und Grau verschwindet.

So denkt sich der Mensch das aus, wenn er versucht, das Geheimnis hinter dem Tor des Todes zu enträtseln.

Daneben stellen wir nun diese Kurzgeschichte der Bibel: »... und Gott wird abwischen alle Tränen von ihren Augen.« Nicht wahr – das klingt anders! Das ist überwältigend schön.

Ich habe Sorgen, ich könnte mit einer Auslegung die Herrlichkeit dieses Wortes zerstören. Als Schüler haben wir im Naturkunde-Unterricht liebliche Blüten zerschnitten, um sie kennen zu lernen. So will ich es nicht machen mit diesem Wort. Ich will nur beglückt auf einiges hinzeigen.

»Gott wird abwischen alle Tränen von ihren Augen.« Ist so Gott? Der große, schreckliche, verborgene Gott? So, – wie soll ich es ausdrücken? – so lieb? Ja, so muss es wohl sein.

Es ist vorher einmal vom »Geschrei« die Rede, von dem Jammern, das Gott stillt. Nun, dass er auf Geschrei hört, kann man sich noch denken. Aber Tränen sind sehr, sehr still. Es gibt sogar Tränen, die nicht einmal bis in die Augen kommen, sondern in die Seele hinein geweint werden. Achtet der große Gott auf diese stillen Tränen? Ja, so muss es wohl sein.

Welch eine Geschichte! Welch ein Bild, wie sich der ganz Große über ein zerbrochenes Menschenkind beugt in unendlicher Zartheit. Da sind alle Probleme zu Ende. Da ruht man am Herzen Gottes. Welch ein Friede! Da ist alles Kämpfen zu Ende, alle Anfechtung, alles Fragen. Da ist die ersehnte Ruhe. »… und Gott wird abwischen alle Tränen.«

Ich komme von dem Gedanken nicht los, dass

er da zuerst – ich wage es kaum auszusprechen – seine eigenen Tränen getrocknet hat. Von Jesus heißt es einmal: »Er weinte über Jerusalem.« Und ein Lied spricht von Gottes Tränen über »Menschennot und Herzenshärtigkeit«.

Der getröstete Gott, der gewaltig tröstet! Es ist, als schaue man über ein endloses Meer von Trost. Welch ein Bild!

2. Sie berichtet von bevorzugten Leuten

Jahrelang hat man uns vorgeworfen: »Ihr vertröstet die Leute auf den Himmel!«

O meine Freunde, wie gerne wollte ich das tun! Wie gern wollte ich – allem Spott zum Trotz – unermüdlich rufen: »Es wird am Ende alles gut! Gott wird eure Tränen abwischen.«

Aber – das darf ich nicht. Gottes Wort spricht ja hier gar nicht von aller Welt, von »Krethi und Plethi«. Diese wundervolle Kurzgeschichte erzählt uns von ganz besonders bevorzugten Leuten, denen das widerfährt. Und es ist sehr wichtig, dass wir fragen: Wer sind diese Auserwählten?

Sind es die Großen in der Welt, deren Bilder die Zeitungen füllen? Die Bibel sagt nichts davon. – Sind es die geschickten Leute, die immer obenauf sind, ganz gleich, ob die Welt gerade braun, blau oder rot ist? O nein! Gottes Wort sagt, dass hier alle Geschicklichkeit versagt. – Sind es die Reichen, die überall den Vortritt haben? Oder die Armen, damit endlich einmal alles auf dem Kopf steht? Davon sagt Gottes Wort nichts. – Sind es die edlen Seelen, die großen Vorbilder der Menschheit, die Nobelpreisträger? Davon finde ich nichts in der Bibel. – Sind es die verbissenen Arbeiter, denen über der Pflichterfüllung das Herz fast versteinerte? Ich finde nichts davon in Gottes Wort.

Wer sind denn diese Bevorzugten, die Gott so überschwenglich trösten wird? Unser Textkapitel sagt es: Es sind die, welche »ihre Kleider gewaschen haben im Blut des Lammes.«

Ich weiß: Vor solch einem Satz steht der moderne Mensch fassungslos. Er versteht ihn gar nicht. Das aber ist schlimm. Dann wird dieser moderne Mensch kaum auf diesen Trost hoffen können.

»... die Kleider hell gemacht im Blut des Lammes«. Als mein Vater im Sterben lag, wollte ich in einer Nacht ihn trösten: »Nun, du hast Großes geleistet. Das ist doch ein schönes Gefühl.« Aber diesen Trost wies er zurück: »Am Rande der Ewigkeit sieht man nur, wie viel Schuld man hat, wie alles unfertig und alles befleckt ist. Da freue ich mich, dass ich einen Heiland habe, dessen Blut mich mit Gott versöhnt hat.« Seht, das heißt, seine Kleider im Blut Jesu waschen.

3. Sie erzählt von Tränen der Kinder Gottes

Christsein – das heißt: in Paradoxien leben. Ich kann mit gutem Gewissen singen: Immer fröhlich, alle Tage Sonnenschein. Ich kann aber ebensogut sagen: Ein Christ lebt beständig unter Tränen; denn Christen sind Leute, denen Gott die Augen geöffnet hat.

Nun sehen sie die unendliche Verlorenheit der Welt. Noch schreien die Trümmer unserer Städte zum Himmel, noch ertönen die Klagen der Flüchtlinge und Kriegsgefangenen. Da weiß man keine andere Hilfe als – neue Waffen!

Nun sehen Christen den unendlichen Jammer der Welt. Wie viele Bittende kommen täglich an meine Tür, wie viel Unerträgliches begegnet mir jede Woche in den Bergmanns-Lagern: Und ich kann nicht helfen.

Und sie sehen die unendliche Verlorenheit des eigenen Herzens. Man ringt darum, gut und wahr und selbstlos und rein und barmherzig zu sein. Aber es gelingt so schlecht.

Das verursacht die Tränen der Christen. Wie

könnten sie in all dem Jammer leben ohne Jesus! Jesus! – ja, in ihm haben wir täglich Trost. Und er wird uns gewiss dahin bringen, wo »Gott wird abwischen alle Tränen von unsern Augen«.